日本学前教育系列丛书

丛书主编 李季湄

幼儿工作者的视野

[日]津守真 著
刘洋洋 译
李季湄 审

华东师范大学出版社
·上海·

图书在版编目(CIP)数据

幼儿工作者的视野/(日)津守真著;刘洋洋译. —上海:
华东师范大学出版社,2014.6
ISBN 978 - 7 - 5675 - 2143 - 8

Ⅰ.①幼…　Ⅱ.①津…②刘…　Ⅲ.①学前教育—研究
Ⅳ.①G61

中国版本图书馆 CIP 数据核字(2014)第 124088 号

上海市版权局著作权合同登记　图字:09 - 2008 - 380 号

日本学前教育系列丛书
幼儿工作者的视野
置身教育实践的记录

撰　　　著　津守真
译　　　者　刘洋洋
审　　　校　李季湄
责任编辑　刘　佳
责任校对　胡　静
装帧设计　付　莉

出版发行　华东师范大学出版社
社　　　址　上海市中山北路 3663 号　邮编 200062
网　　　址　www.ecnupress.com.cn
电　　　话　021 - 60821666　行政传真 021 - 62572105
客服电话　021 - 62865537　门市(邮购)电话 021 - 62869887
地　　　址　上海市中山北路 3663 号华东师范大学校内先锋路口
网　　　店　http://hdsdcbs.tmall.com

印 刷 者　浙江临安曙光印务有限公司
开　　　本　787 毫米×1092 毫米　1/16
印　　　张　16.5
字　　　数　213 千字
版　　　次　2014 年 6 月第 1 版
印　　　次　2023 年 6 月第 10 次
书　　　号　ISBN 978 - 7 - 5675 - 2143 - 8/G · 7416
定　　　价　34.00 元

出 版 人　王　焰

(如发现本版图书有印订质量问题,请寄回本社客服中心调换或电话 021 - 62865537 联系)

目 录
Contents

第一章

置身教育实践
——保育者的最初两年

第二章

寻常日子　追寻孩子的思想
——保育者的第三四年

目 录
Contents

第四章

在教育工作中思考成长
——保育者的第七八年

目 录
Contents

目　录
Contents

　　去年,华东师范大学出版社委托我组织翻译一套日本学前教育系列丛书,目标图书的选择自然是第一步。哪些书比较能够反映日本当今学前教育的状况呢? 我向日本的幼教人士求教。不久,书单发来了,让我印象深刻的是,竟然所有人的推荐中都不约而同地写了一本书,那就是津守真老师的《幼儿工作者的视野》(原书名为《保育者的地平》),尽管推荐者中有的是大学教授,有的是幼儿园园长,有的是幼儿园教师,还有的是相关出版社的编辑,他们各自的立场或喜好未必相同。

　　"哦,肯定是津守真老师的又一本学术专著吧。"我想。因为津守真老师是日本著名的心理学教授,儿童研究专家。20 多年前,我第一次见到他就是在日本保育学会年会上听他做报告。于是我托朋友寄来了此书。一翻阅却发现,这不是一本理论著述,而是津守真老师在一所特殊教育学校 12 年工作历程的记录,一段他与儿童一起生活的回顾与总结。然而,我一点没有感到失望,因为一读这本书就被一位长者娓娓道来的讲述抓住了。不知是否因为我实在厌倦了现今教育中充斥的空话、套话、假话、华而不实的形式、急功近利的效益驱动……觉得读此书时心一下子静了下来，书中所发生的、所描述的人生哲理、教育的感悟、理解的智慧、与儿童在一起的快乐与艰辛的探索……都觉得那么朴实、扎实、真实。全书字里行间所充盈着的教育的人性之美和津守真老师的人格魅力带给我一种久违的感动。

津守真老师，一位日本名大学的名教授，在"已经度过了人生壮年时的大半时光"时，面对教育的危机、研究的危机、儿童发展的危机，毅然放弃大学教授的工作而选择和残疾障碍儿童生活在一起。正如其序言中所说"作为一个心理学者，我想通过客观的、实证科学的方法来明确这两者（教育与儿童发展）之间的关系。为此，我花费过多年的时间，可是后来不得不放弃这样的尝试"。于是在 57 岁的年龄"决定把每天接触相同的一群孩子作为自己的生活"，去挑战远比大学繁杂、琐碎、费心得多的特殊教育。"成为一个总能和孩子在一起的教师"，这实在是难能可贵的选择！

更难能可贵的是，津守真老师"将教育和生命凝聚在一起"，从热爱儿童的原点出发，发自内心地热爱保育生活，一干就是 12 年！他说："与孩子——人之原型——的接触互动是最为人性的生活。""和孩子们一同生活的成人，不仅生活在自己的世界里，而且也被允许在孩子们的世界里生活，这是一件多么愉快的事情啊。""我们须小心翼翼地把握孩子心灵的细线，这些细线总有一天会编织出世界的未来。我们必须认识到，向孩子心灵深处那平静的水面上所投进的一粒一粒小石子，都会泛起波及几个世纪的涟漪。"这种生活观、使命感是津守真老师抗衡由障碍儿童特有的复杂性、不确定性所带来的巨大压力而坚持工作下去的原动力。我禁不住想到这些年来常常困扰我们的职业倦怠问题，重树我们的职业观、生活观是否也是值得考虑的途径呢。

津守真老师始终坚守自己的信念与价值观，让教育散发人性的光辉。他认为："每一个孩子能充满活力地按照自己的方式生活，这是决定教育质量的标志。""最根本的问题是要让孩子能够自我满足地生活，作为人能够正常成长。如果迷失了这个根本，那将是教育整体的危机。""当教育极端困难时，我们往往会忘记在培养人，认为自己教的孩子不属此范畴。但是，无论是哪一个孩子，作为一个人，毫无例外地都有培育的可能性。普通的孩子和有重度残障的孩子有一样的生活。"这些道理说一说也许并不难，而要十几年如一日地躬行实践就不是那么容易了。书中有这样一个细节：

"我背着孩子的时候，孩子贴在我的背上很安心快乐，但是我却感到背上越来越重。通过指尖，我感觉到孩子微妙的意志，通过背负孩子的重量，我洞察那一天孩子的心理状态。孩子的世界不是通过神秘的方式向大人传递的，而是通过对孩子的回应，通过一起度过的一点一滴，由大人体会出来的……我被孩子拉住手，通过指尖我感觉到他那小小的渴望自由的要求，我用心去帮他实现这个小小的愿望。对于把全部的体重都压在大人背上的孩子，他现在一定是从心里信任着这个大人。如果明白了这一点，就不会轻易地把孩子放下来。""教育工作是通过肢体活动的行为。身体疲劳的时候精神也会疲劳。抱着孩子的时候，如果一有机会就想把孩子放到地上，那么，抱着孩子的'时刻'就失去了意义。"

当我读到这里时，脑子里浮现出的是一幅宛如爷爷背着孙子的温馨画面。我禁不住感慨教师可以细致、敏锐到这种程度！教育竟然可以这样呈现！与一个不能言语的障碍儿童可以这样展开互动！一般理论者也许难以达到这样的实践深度，一般实践者难以达到这样的理论高度。大江健三郎（诺贝尔文学奖获得者）曾在《个人的体验》一文中，写到他怎样细心地关怀、培养先天脑部损坏的儿子，但那毕竟是父子情啊。津守真老师所展现的是伟大的教育爱，是情感与教育睿智的相互激荡，是超越亲情的深沉而厚重的人性力量！

　　这样的事例在书中还有很多。12 年来津守真老师和孩子一起奔跑、一起游戏、一起生活,在最本真的状态下观察孩子表现出的对常人来说难以理解的古怪、偏执、极端的行为,凭借高度的专业造诣,融合儿童心理学、发展心理学、社会学、哲学、精神分析学等去思考、解读孩子行为的意义。津守真老师深信,"成人这种设身处地的想象绝非妄加解释,而是在和孩子的连续行动中必然产生的人的智慧……孩子身边的成人设身处地地考虑孩子行动的深层意义时,就会成为孩子内心世界的回应者。"这是儿童教育的一种至高境界! 这是用爱心、耐心、恒心以及深厚的专业功底才能构筑的境界,这是杜绝了喧嚣与浮躁,让教育常态回归原点的境界。

　　不过必须承认,特殊教育和正常儿童的教育有很大的区别。书中的情景或事例在普通幼儿园里几乎不可能遇到,其教育方法在正常儿童教育中也可能根本不适用。我不懂特殊教育,不可能判断津守真老师对孩子行为的解读究竟是否正确,其回应与处理方式到底适不适宜。但是,我觉得这些都不重要,重要的是他真诚地爱孩子,并从内心深处尊重他们;重要的是他所展现的人文关怀和全心全意地献身儿童的精神;重要的是他以沉静而稳重、平常而温馨的教育实实在在地帮助了儿童和家长。我想,无论教育的对象是障碍儿童还是正常儿童,这些都是基本的基本。正如艾伦凯所说,"儿童的世纪要通过两种方法来实现。首先是成人要理解孩子的特质,其次是成人的内心要永远保持孩子那份纯真。"所有的教育都有共同的特质。正是从这个意义上,可以说本书的意义是普遍的、超越的。它大大升华了我们对教育本质的理解,对作为人的儿童的理解,对儿童教育中许多基本问题(如怎么看待教育目标、怎么发挥教师的作用、怎么把握教育的现在与未来的关系等等)的理解。也许这是本书在日本教育界得到一致推崇的原因吧。

　　很高兴本书的中文版能与我国的读者见面。尽管仁者见仁,智者见智,我还是相信广大儿童教育工作者能够从本书中获益。

高山仰止,景行行止。虽不能至,心向往之。在读本书的过程中,这些句子不时地从我脑中跳出来。谨以此为结束语,也以此表达对津守真老师深深的敬意。

李季湄

2009.9

当今，日本的教育可以说走在世界的前列。我在中国高中毕业后，来到日本上大学，主攻幼儿教育专业，先后攻读硕士和博士研究生并获取博士学位，接着在日本从事教育工作。这次受托翻译《幼儿工作者的视野》这本书，我很是高兴，也深感荣幸。从此，大约有半年的时间，每天都在和书中的津守老师会面，看到他是怎样接触孩子，怎样煞费苦心地揣摩孩子的心理，怎样满腔热情地去理解和呵护孩子。

记得在读研究生的时候，一位论文导师曾经对我说过："要用怀疑的眼光去读一本书或者一篇论文。"我觉得这个观点确实有一定的道理，因为带着这种眼光可以发现和评析其中的问题。不过，当您翻开《幼儿工作者的视野》这本书的时候，我还是希望您能多用肯定和欣赏的眼光去读它。您一定会有很多正面的发现和一些不同的思考。

在这本书里，津守老师列举了大量的实例，很翔实地向读者一一作了描述。作为教师的他有怎样的心理活动，孩子们又有着怎样的反应，读者会会心地体察到当时的场景，也能很好地去理解作为当事人的教育工作者的良苦用心。

　　津守老师所从事的是智障儿童的特殊教育工作。如果您也从事同样工作的话,一定会比我更有发言权,您可以把自己的日常工作和津守老师所描绘的实例进行比较,或许会分析得更加透彻。如果您所从事的不是特殊教育工作的话,那就更可以借助这本书,来了解另外一个世界。虽然这本书是从一位特殊教育工作者的工作日记中提取出来的精华,但是它决非只受限于特殊教育领域。在这本书里,津守老师为所有的教育工作者,包括孩子们的家长在内,提出并建立了一个共同的教育工作者的坐标。

　　读完这本书,您也许会和我一样被同样的一个问题所困扰,这就是怎样处理好教育工作上质与量的关系。毋庸置疑,保质保量是教育工作最理想的目标,但是身为教育工作者的您和我都很清楚这是难以做到的,只能尽力而为之。在这本书中您会发现,教育工作者花费了大量的人力和物力,把重点放在照顾某一个孩子身上,当然这是因为这种特殊教育的特殊性。但是您一定会有这样的疑问,教育工作者是要讲求质量的,是重点注意某一个孩子呢,还是把精力分散给更多的孩子呢?作为教师通常把主要精力放在大多数孩子身上,虽然保证不了孩子个个优秀,但起码每个孩子都多少照顾到了。不过,换一个视角,作为父母,他们会希望每一位老师都能像书中的老师那样对待自己的孩子。

　　作为教育工作者,由于种种主客观原因可能做不到最好,但是我们可以尽最大的努力去接近最好。那么,什么又是教育工作者的最好呢?也许津守老师在这本书中为我们指出的坐标就是其中之一。难道这个坐标真是一个好的选择吗?那么就让我们在实践中去思考、验证吧。况且,即使朝同一个目标进发,也会有不同的路,每个教育工作者都会因人、因地、因时、因事进行必要且灵活的调整。我想,引起教育工作者的思考,该是这本书的一个主要目的,也是作者的初衷。

　　津守老师为教育工作者指出了一个坐标。我们不妨用读完一本书

的时间,乘上津守老师为我们开起的列车,驶向那个理想的坐标,沿途您会看到很多美好的风光,有些也许您曾经看到过,有些却是您从未见过的。欣赏着这些风光,会思绪万千,看着这些风景,我们要做的就是——思考。当您合上这本书的时候,您一定会发现这是一次温馨而又收获颇丰的旅行,感到不虚此行。

译者　刘洋洋
2009 年 6 月于大阪

序

孩子是在游戏中成长的。游戏虽然是孩子的本能,但是如果没有成人有意识地引导,孩子是不会游戏的。现在这个时代更是如此。

这本书记录了我作为一个保育者从工作的第一天起在十二年间的经历与思考。

作为一个儿童的研究者,我已人到中年,度过了人生的大半时光。最初,我被御茶水女子大学附属幼儿园孩子们的游戏吸引住了,加入了这个行业。这所幼儿园,深受 20 世纪前半叶盛行的美国进步主义教育的影响。它不受限于固定的课程,在孩子自发的、用生命创造的游戏中,我看到了其人性教育的原型。同时,我也看到了让这样的课程能够成形的保育者的苦心。作为一个心理学者,我想通过客观的、实证科学的方法来明确这两者之间的关系。为此,我花费过多年的时间,可是后来不得不放弃这样的尝试。教育是人与人直接接触的工作,它既包括知性,也包括想象力等人性的全部,现在想想放弃那样的研究是必然的。

20 世纪六七十年代的日本处在一个经济高度发展的时期,早期智力开发教育的课程十分流行。因此,保育者的工作就是应用被科学证明过的有效果的方法。既然保育者的苦心和孩子的游戏都出现了危机,我就感到有从根本上改变研究方法的必要性。改变研究方法的经过已经写进了《教育研究转变的过程》一文中(《作为人的现象的教育研究》,1974年,津守真、本田和子共著)。那以后,我站在与孩子接触的人类学角度开始了思考。《儿童学的开始》(1979),《教育体验及思索》(1980),《自我意识的萌芽》(1984)等文章都是我从这一立场出发而写下的教育理论。那个时期我虽然有机会接触教育一线,但不是每天都能够和孩子们生活在一起。

1983年我来到了教育第一线,成为一个能和孩子时时在一起的教师。

我实践的场所是一个很小的、仅有30名左右从二三岁的幼儿到十二三岁孩子的特殊教育学校(这所学校加入了社会福利法人恩赐财团母子爱育会、爱育特殊教育学校及家庭指导团体)。我认为即使是有残障的孩子,也同样是在游戏中成长的。在教育上,每一个孩子都是一样的。在那段教育实践期间,我写了《如何看待儿童的世界》(1987)和《教育工作的一天及周边环境》(1989)这两本书。

我每个月都把当时在教育工作中的行为、思考和发现发表在月刊《幼儿教育》(御茶水女子大学附属幼儿园编辑、福禄贝尔馆出版)里。现在出版的这本书,是我从十二年多的教育生活实践中选出并全面加以整理过的内容。按照年代顺序浏览一遍之后,我发现,每两年对保育者来说就有一个课题,因此本书按照时间顺序以两年为一段写成一章。

这本书是我对怎样才能通过游戏教育每一个孩子这个问题多年来思考的回答。希望这本书不仅对教育的研究者,而且也能对有经验的保育者、刚刚从事教育工作的教师和家长们起到参考作用。

初版第四次印刷的附加说明①

在本书第一版中，我使用过"障害"一词。障害的"害"是毒害的"害"。实际上，儿童们并没有带来任何的毒害。当我意识到这一点的时候，我不再使用这个词了。"碍"有挡路石的意思，从眼前把石头搬走障碍就不存在了。所以在再版修订的时候，我把"障害"全部改成了"障碍"，请允许我这样做。

① 在日文中"障害"和"障碍"同音不同字，所以作者有此解释和改动。——译者注

第一章

置身教育实践

——保育者的最初两年

> 在教育一线工作一天，就像在读一本书。 有时是一边理解一边读，有时是不明其理地读。
>
> ——摘自当时的日记
>
> 怀着昨天的感动而度过今天。
>
> ——摘自当时的日记

❤ ❤ ❤

一

第一天——留意孩子们开始做的小事

当决定把每一天接触相同的一群孩子作为生活的时候，面对在教育现场第一天所发生的事，对于任何人来说都应该是难忘的。我也一样，第一天的事至今一直记在心里。当时的感觉，当时的疑问，我都一直在反复思考。十几年过去了，有了很多的经历，现在想借助回忆来记录自己作为一个保育者的第一天，来思考"保育者的坐标"。

第一天

我来到院子里,正好遇到 4 岁的 H 和他 2 岁半的弟弟,他们由父母领着来了。已经有几个孩子在院子里玩,H 却直愣愣地站在那里,这引起了我的注意。H 站在那里的样子是一个随时准备离开的姿势,如果我走近他,这个紧张的孩子一定会感受到压力,于是我想找一个中介物。我把一个小铲子轻轻地放在了他身边,可弟弟先伸出了手。看得出玩具被拿走后,H 流露出遗憾的表情。我又给 H 拿去一辆玩具卡车。于是 H 蹲下去,开始推动卡车。这时弟弟拿着小铲子开始往卡车里装沙,H 也把小铲子插进沙坑里,铲沙装到卡车里。这时候,我蹲下身加入到他们中间,我保持这个姿势,让他们觉得我留在那里是想和他们一起做些什么。

从那以后,我常常有这样的体验:如果孩子们意识到我是有意识地在他们身边,而不只是随便站在那里看他们,那他们的行为就会有不同的变化。我的加入可以让孩子们获得这样的空间,既能和我近距离接触,又能有按照自己的想法自由活动的空间。正因为此,那一天我们三个人都开始了大量的活动。

培养自主活动的能动性对于孩子每天的生活和若干年后的生活都很重要。第一天那样的事例还可以在本书中的很多地方看到,不过,在第一天是预见不到后来的日子的。

在这里我想对第一天的工作记录做一说明。

我和孩子接触的时候:1. 相遇;2. 交往——表现和理解;3. 形成适时的行动;4. 观察与思考。相遇时,重视这个偶然的机会,站在对方的立场上行事。相遇后,把对方的行动理解为一种表现,并根据自己的理解去呼应。如何理解孩子是保育者要思考的问题。在此基础上,通过充实现在,向下一步发展。

回忆自己当时的体验,我认为进行思考的全过程都是教育工作。培养孩子的存在感、能动性、相互性、自我意识,这些都是幼儿教育的重要课题。对孩子来说,能实际感受到幼儿园是自己生活的地方,能做自己选择的事,能和他人互相协调,形成自我,这些都是发展其各种能力的基础。

以上观点是贯穿全书并反复讨论的课题。

| 保育者的行为 | 相遇;交往——表现和理解;形成适时的行动;观察与思考。 |
| 培养孩子的内容 | 存在感;能动性;相互性;自我意识。 |

第一天,我来到院子里,正好和被爸爸妈妈领来的 4 岁的 H 和他 2 岁半的弟弟相遇。直愣愣地站在那里的 H 引起了我的注意。我没有预想到会和这个孩子相遇。相遇是偶然的。这个孩子一直站着,是随时都准备离去的姿势。这是将孩子的行动看作是其表现时的理解方式。当时,H 还没有在那个地方的存在感。我如果接近那个处于紧张状态的孩子会让他感到压力。于是我拿出了小铲子作中介,但小铲子被弟弟先伸手拿走了,H 感受到了丧失感。而当我拿来玩具卡车后,他蹲下去用自己的手开始推,其能动性开始萌动,已不再是想离去的姿势。我蹲下去也让孩子明白了我确确实实存在于他面前。这时,适时的行动形成了,并将会发展下去。

第二天

今天,只有 H 和妈妈两个人来幼儿园。H 一到就马上到沙坑里,往玩具卡车里装沙子,用自己的手推卡车。虽然他没有做什么特别的事情,只是稍稍活动了一会儿,但却能看出 H 因为没有别人的干扰而显得很高兴。我和他妈妈都只是在旁边看着。

在沙坑里,我先跑过去往杯子里装满沙子,然后把杯子反扣过来,在沙坑边扣糕糕。可 H 觉得我扣的糕糕很碍事,不予认可,用手和脚把它们弄碎了。我注意到他这个行为并作出反应,进入到和他的相互性游戏。

尽管成人想先制造一些变化(扣糕糕)的想法在开始被否定,孩子还是会把这个想法转化成游戏的。

不一会儿下起了小雨,我觉得有些冷,劝 H 一起进教室,可他不愿意,我就让他继续在外面玩。因为我觉得让他继续现在的游戏是必要的。慢慢地我不再只是在旁边看着,而是和他搭话,他居然坐到我的膝上来了。H 不经意地说了一句"大蜻蜓",我也跟着说"大蜻蜓",H 便哈哈大笑。显然,他的紧张感消失了,我们彼此变得亲近起来。

有了昨天的开端,今天再次身处教育现场,我心情变得平静了。想到明天也能和这些孩子们融合在一起,心里不由得高兴起来。

第三天

H 来到幼儿园,在院子里看着我笑了。之后,我们在廊柱的阴影里玩了多次"相视而笑"的游戏。

和教师的相互性关系是孩子能动性发展的基础。

我将一把黏土放在桌上,他马上就伸手来摆弄;我把纸和笔拿出来,他马上就用它们画曲线;我一开始画坐在旁边的他妈妈的脸,他就要我把汽车和小狗也画上。对孩子来说,画上的小狗和汽车不仅是一个形状轮廓,还被看作是一个鲜活的生命。我尊重这样的想法,所以一边画一边嘴里还说"小狗汪汪跑",不光是画外形,还画出表示小狗跑动的曲线。这时 H 从我腋下伸手拿走画笔,一边"汪汪"地叫着,一边一圈又一圈地画曲线,连纸都画破了。给他换了一张纸后他又一个劲地画,一直画到纸破。他的表情是全神贯注的。

快放学的时候,H 走到下着雨的院子里,在水坑里啪嗒啪嗒地走着。H 的妈妈撑着伞一直陪在他的旁边。他们从院子里回来的时候，我对 H 的妈妈说，孩子的绘画不光是形状，重要的是表现心情。"是啊，您说得很对。"这位母亲马上就理解了我的意思。她允许孩子在水坑里走，可以看得出 H 的妈妈在努力配合孩子。H 的妈妈说她第一次看到孩子这样主动地玩。

那天以后，我每天生活在孩子们当中，既常常为自己所做的事情感到惶恐，同时又感到一种踏实的快乐。

这个星期，H 高高兴兴地上幼儿园，每天都积极主动地来，回到家里也感到很满足，他过得十分愉快。

此后，我和 H 的接触还持续了几年，这里不过是最初三天的记录（参考第七章）。

教师每天都要接触好多孩子。在这个时间里和这些孩子接触，在另一段时间里又和另一些孩子接触。就是这样密切频繁的接触让教师和孩子们逐渐建立起了相互关系。

❤ ❤ ❤

二

充满活力的教育工作的一天

作为一个研究者，我多次看到过这样的情形：早上，孩子们很松懈，但他们慢慢找到自己的游戏节奏，让班级整体充满活力地动起来，并带动教师也跃跃欲试。

在四月的头几周里,我让一个孩子和另一个孩子之间建立起了互信的关系,却没能让更多的孩子在充满活力的相互交往中游戏。这是由于我的教育技巧不够成熟呢,还是由于在残障儿童的教育中这是不可能做到的呢? 带着这样的疑问,我度过了最初的几周。

六月的一天,尽管我头天晚上很早就睡了(在第一线工作时,我常常为第二天的工作早睡觉),但可能因为有点着凉,早上起来还觉得头痛。可一到幼儿园,我立刻就被来园的孩子、家长及教职员工的生气勃勃所吸引,竟然连感冒都忘记了。这一天就这样开始了。当这一天结束的时候,我被孩子们充满活力的活动深深地感染了,这是一个教师的真实感受。然而那充满活力的活动是很难用语言来描述的。当然,如果仅是单纯地记录的话,对于不在现场的人来说,那不过是枯燥无味的文字罗列而已。不过,我可以十分肯定地说,"在残障儿童中不能产生充满活力的游戏"这句话是不对的。如果教师有意识地细心引导的话,一定会让教育现场出现充满活力的活动,孩子们也一定会觉得他们度过了愉快的一天。我将那一天(6月9日)的过程分析记录如下。虽然过于具体的记述会让读者厌烦,但是孩子们所表现的每一个行为,都会变成他们未来的成长课题。

在面向全体中考虑我的位置

I 早上来园后,从院子中间穿过,一直走到院子的另一头。他抬头望着树上,倒着走了几步,然后又朝前飞快地穿过院子走了回来。

H 一家把小弟弟也带来了,他们开始在沙坑里玩。最初,我打算和 H 一起玩,但看到 H 的妈妈和他弟弟在玩沙,H 一个人在一边看书,我觉得把这里交给 H 的妈妈比较好,于是就去了没有教师的地方。

哪怕是简单的行为也要看到它的意义

H的弟弟让妈妈念图书,H把图书翻到了自己喜欢的地方,蹦跳起来。看上去H没在看图书,可我觉得H已经用他的肢体表现出对图书的兴趣。

每个孩子都在做自己想做的事,并以此产生互动

I老师抱着T去二楼。另一个孩子想让我抱,我就抱起那孩子。

过了一会儿,T把我拉到院子里的秋千旁让我坐下,然后他就坐在我膝上。

一起愉快地滑滑梯

T沿着滑梯的阶梯向上爬,开始他自己先滑下去,再确认我是不是跟在他后面滑下去。后来他让我先滑,他趴在我的背上滑下去。不一会儿,我看见H在旁边又蹦又跳,他拉着我的手爬上滑梯,我们又滑了一遍。这样重复了多次。在一起下滑的瞬间,我也体验到了忘记一切,脑中一片空白的感觉。不知不觉玩到了吃饭时间。

共处一个空间——开灯关灯

有的孩子关灯,有的孩子开灯,还有好几个孩子哇哇喊叫着进进出出。我也凑着喊:"天黑了!""天亮了!"加入到他们的行列中,我实实在在地感受了一回与孩子们共处同一个空间的喜悦。

投入到孩子们当中,热衷于他们的游戏

玩着玩着,H来追我,我假装逃跑,他的弟弟也跟着一起跑。我加入到他们玩得起劲的游戏中,什么也不想,只是快乐地游戏着。H大

喊着跑来跑去,我加入其中,觉得和孩子们共有同一个世界,共有相同的体验。

大家都想做一样的事,为了满足每一个孩子我绞尽脑汁

T拉着我的手去厕所小便,他让我打开窗子,好看到外面的汽车。这时双胞胎进来了,也想一起爬到窗户上看汽车。H也进来了,也想一起看汽车。孩子们之间发生了冲撞,于是我就扭动着身体和他们挤来挤去,这样一来,本来要吵架的孩子们全都笑了。

到需要帮助的孩子那里去

我正在吃饭,没一个孩子在身边。突然我听到有孩子在厕所里哭。原来是T把卫生纸放进冲水马桶,他把手伸进去捡,马桶盖落下来夹到了他的手。我抱起T把他带到院子里,他马上跑向一个储藏柜。

T找到了一个大箱子,拼命想把我装进去。箱子里面空间很小,我不知道该怎样才能进去。看到我这样,T开始生气,让我把左脚右脚放进箱子里。我一双脚进去后箱子就塞满了,我在箱子边上坐下。这时T爬到我的膝上,把自己的脚伸进本来已经很狭窄的空间里,让我用手从后面抱住他。那个样子好像要和我合为一体。在这样狭窄的地方我们就像两只猫一样。

尽情地用颜料涂抹

E把手指伸进颜料瓶里,密密实实地把颜料涂在方块积木上,然后拿着它在大型积木上走来走去。后来他坐在我的膝上。因为用沾满颜料的手摸身体和脸,E的脸上和身上全是颜料。我想带他去洗澡,他看出来了就到处逃跑。我抓住他,I老师帮他擦干净了。E玩得很尽兴。

风平浪静的一天。 孩子们在轻松的一天中情绪稳定。老师和孩子们面对面地尽情接触。 昨晚,我还梦到了同事们,这个梦让我今早的心情非常愉快。 我相信教职员们今后会积极地工作,做把自己的全部能量释放出来贡献给孩子的教师,我认为这一点是非常珍贵的。 傍晚,在夏日的天空下,我回到了家。 天渐渐黑了,身处潮湿的空气中,我度过了片刻宁静的时光。

——摘自当时的日记

三

存在和不存在的疑问——黄色玩具小汽车

孩子们说什么也要做一件事的时候,教师要做出相应的回应是需要极大的努力的。成人可以想出很多理由来对付孩子而不必让自己身心疲劳。但是,作为一个人生的探求者,孩子比成人认真得多。通过和孩子的交往,我们了解到,孩子的生活世界和成人的生活世界中的真实和底线是共通的。

早晨,在院子里,J 把一辆黄色玩具小汽车放在沙坑边,自己坐在沙坑里看着那辆玩具小汽车。我在不远的地方观察他,觉得给他一个人独处的时间和空间是很重要的。这时 T 过来把玩具小汽车拿了起来。我很紧张,觉得 J 会生气。果然不出所料,J 马上站起来,把玩具小汽车抢了回去。接着又来了一个孩子,从 J 的手中把玩具车抢走了,两个孩子之间的气氛变得十分紧张。我立刻拿了另一个玩具小汽车过去,可两个孩子连看都不看一眼。这时我明白了,他们都只想要那辆黄色玩具小汽车。后来 T 拿着黄色玩具小汽车走了,J 把一辆白色的玩具小警车放置在刚才放黄色玩具小汽车的地方,继续开始看。("放置"的意思是说,从手中放下去,放到另一个空间里,也就是说占据一个神圣的空间。)

J 和我在这之前有一年多的接触,我不知道该如何理解他表面上看起来很奇怪的一些行为。比如,在幼儿园里,J 喜欢搭坐在成人的自行车后架上。他要求在自行车行驶的路上放上喷壶、水壶、玩具小汽车、铲子等东西,让自行车在这些东西中穿行,还不能碰到或移动这些东西,也不能从远处绕过去。所以带着 J 骑自行车是一件非常不容易的事。有时候 J 会朝年龄较小的孩子脚边扔东西,这十分危险,所以我总得时常注意他。和 J 接触的时候,不知何故,为了满足这个孩子的强烈欲望而又不让别的孩子有危险,我花费了相当多的精力。我迫切地想了解在他过激行为的背后到底有怎样的动机。

J 在不乘坐自行车的时候,常常站在沙坑边上看着什么,这一行为给所有的人很深的印象。仔细看看,好像是在监视自己放置的东西有没有被别人的自行车撞到,自行车有没有在这些东西中间通过。自行车撞到什么东西的时候,J 就会跑过去把东西再摆回原处。除此之外,别的事情他好像都不放在眼里。别的地方不管发生了什么事,他既不靠近,也不去看。J只专注自己的事,别的什么也不管。

J看到的事物是他精神生活的一个写照,他像是在思考自身的存在或不存在。自行车撞到某个东西,那个东西在被放置的地方就不存在了。自行车贴着东西通过的时候,正是他确认东西会不会有不存在可能的时候。在沙坑边看着黄色小汽车的时候也是如此,J不只是看着小汽车本身,他还在思考小汽车会不会有从沙坑边缘掉下去的可能。

这时正是我准备辞去大学工作的前夕。我那时正在思考关于人的存在何以证明人的存在等问题。和J接触的时候,我觉得他也有同样的困惑——存在和不存在,在 being 和 non‐being 的境况中存在着不安定因素。只不过没有语言能力的孩子和在社会上有稳定地位的教师有着完全不同的立场,孩子在社会中的存在感和自身存在的确实性都很模糊而已。鉴于此,在和J接触的时候,我开始思考该如何做才能让J确信自身的存在。

正是在这段时期,我遇到了本节一开始提到的场面:J看着放在沙坑边上的玩具小汽车。存在和不存在的危机在人生的任何一个阶段都可能出现。当遇到这样的危机时,任何人都会认真对待。老年时,当社会工作结束,生活模式改变的时候,人总是要回顾一生并重新确立自我。因此可以说,存在和不存在的不安定感在人生的任何时期都会产生。在儿童期,孩子不能通过回顾过去而发现自我,他们是在现实的生活中,通过直接接触的周围的人和环境而认识自我价值,并进而确立自我的,所以教师的作用非常重要。

两个星期后,J又蹲在沙坑边,我于是和他一起蹲在那里。他往自己手上撒沙子,直到沙子几乎盖过他的手。他的手一会儿看不见,一会儿又看得见了。沙坑边放着一只黄色的玩具长颈鹿。这时 T 来了,拿走了黄色玩具长颈鹿。J马上抢回来,T又立刻抢回去。我拿来一个玩具电车,可是它马上被 J 扔掉。这时来园的另一个孩子把玩具电车捡了起来。J 好像很在意,时不时地回头看那孩子,但在自己的位置上几乎没动。J 让我拿起一把小铲子,并用他的小铲往我铲子里装沙子,想把铲子的凹部填平。如果我把手放低,他就不高兴,他不许我的手低下去,必须保持一个让他满意的高度。我的手一低下来,他就把我的手抬高,一定要我的手保持在固定的位置。尽管上次是黄色玩具小汽车,这次是黄色玩具长颈鹿,而他关心的核心同样还是物体在固定的地方存在与否。

那以后我继续和 J 接触。十几年后,他在造型工作室的展览会上展出的画吸引了我。他用颜料画了一个四方框,紧贴着四方框的内侧和外侧画着很粗的线。这和骑着自行车既不撞到东西又要紧贴着东西驶过是一样的。那时带着紧张感探求过的存在和不存在的状况,现在成了留存于心的画的主题。J 现在虽然不会说话,但他可以通过书写表达自己的意志,可以独自去工厂上班,是一个很像样的青年人了。存在和不存在的疑问是一个在人生之初要涉及,在人生各阶段都要不断被重新确认的课题。

四
自我实现的过程

产生希望的空间——儿童时代的空间体验

进入秋天的时候,我接触特别多的是 4 岁的男孩 V。V 喜欢能旋转的东西,说他固执也不为过。但一旦用了这个词,对他的看法就会固定化,所以我刻意回避这个词。每天早上,V和妈妈来园时,总拿着从厨房卸下来的大换气扇或小玩具螺旋桨。在他家里,好多个箱子里都放着他收集的玩具车、车轮、纽扣,以及从附近弹子房弄来的旧机器等。

V一直不离开妈妈,即使我试用螺旋桨的桨翼或者车轮吸引他,想和他一起玩,他也不高兴地低声嘟囔,不知道他想要什么。几周后,他和我一起在教室里转圈跑。听到钢琴伴奏,他一边跑一边笑了起来。据说,自闭症的孩子喜欢旋转的东西,这个孩子是还未被确诊的自闭症患者。可是作为教师来说,无论孩子被诊断为什么病,让每一个孩子都能走上自我实现的道路是最大的课题。首先,对旋转物有兴趣的孩子,不仅不能否定其兴趣,还应从他的这一兴趣出发去做研究。旋转运动是由反复、速度、以轴为中心旋转等要素构成的。V对这几个要素都喜欢的事实逐步得到证实。

看上面——从下往上攀登的斜面空间——产生希望的空间

十月的一天,V来校后就拉住我的手走到院子里,在院子的一角蜷成一团,发出呜呜的低吟声。我觉得他可能有什么事想做,就和他呆在一起。我知道V喜欢三轮车,就把三轮车推到他旁边。V开始用手摆弄车轮,慢慢地他的心得到了解放,也许他有了向上的空间。忽然,V从滑梯的下面往上看,想要爬上去。我托着他的屁股让他爬,V紧紧地抓着扶手往上爬。爬到上面后,他又好像害怕一个人往下滑,他把我的身体转过来转过去,看把我摆成什么姿势才好抱住我滑下去。我在前面,V紧紧搂住我的脖子慢慢往下滑,这样重复了十几次。最后,他不用搂住我的脖子,而只用脚尖抵住我的后背就行了。V的手里从来园开始就紧紧捏着一个小螺旋桨。爬过几次滑梯后,他把那个小螺旋桨从滑梯上扔了下去。在扔的时候，他是完全有意识的。

螺旋桨掉进了一个没有水的沟里，那是一个他不可能自己把螺旋桨捡出来的很深的空间。这时 V 呜呜哼着愣在那里，而当我帮他把螺旋桨捡上来的时候，他又开始活动了。这天下午，别的孩子把他的玩具小汽车和电车全拿走了，他却没有生气。

在这个情景中，孩子自发地开始行动。作为结果，其所表现出的行为虽然很不起眼，但是在这个教育过程中，能看到孩子自身成长的轨迹。在孩子低声哼哼的时候，眼睛一直看着下面。可以肯定的是，他在一个封闭的空间里，连眼睛向上看的余地都没有，正不知所措。在转动玩具三轮车轮子的时候——这个孩子喜欢旋转东西——孩子的心得到解放，他向上看时有了空间，发现了向外界扩展的空间。

当孩子表现出有从滑梯下面爬到上面去的兴趣时，可以说这时的孩子已经发现了上面的空间，并对未来的时空抱有了希望。

人的空间和身体有很深刻的关系。前、后、上、下、左、右，都是以直立的身体为基准的。这也与时间有关，与人的感情有关。前进的方向指示未来，前上方意味着希望的方向。前下方是堕落的深渊，是前进中伴随的不安。后面是自己走过的路，伴随着过去体验过的各种各样的情感。

日常的观察

在日常的空间里我们是走在一个平面上的。

走路的时候，人的眼睛是向着目标朝前看的。朝着目标前进的时候，尽管路上会有一些上坡或下坡，但都不成问题。骑自行车的人比行人更能向着目标直线前进，斜面更不成问题。无目的地散步时，路边的风景和缓坡都会呈现出它本来的面目。斜坡上方的天空是明朗的，坡下的屋檐看上去很暗。上坡的时候虽然很费劲,但到达坡顶的时候会感到很快乐。

一边沉思自己的问题一边走路的时候,通常不会留意空中飘动的云彩和明朗的天空。如果吸一口气仰望天空,就会发现天空无限广阔,人会感到自己是在拘泥一些多么渺小的事物。顿时我有了这样的发现,有一个时期,我被自己的一些问题困扰着。正如一首诗中写到的"虽然我们穿越了火与水,但你却引领我们来到一片广阔天地",当你仰望上方的时候,世界会变得更广阔。

脚下的空间被地面覆盖着。与天空不同,我们不能透视地下。如果什么时候脚下的地面突然裂开,能看到近在咫尺的绝壁深渊的时候我们会怎样呢?那时我们一定会感到头晕目眩,会因恐惧掉下去而吓得发抖吧。当发现这样的上和下的空间时,孩子们的空间可以说就被扩展开了。

现在,V想爬上滑梯。我想帮他实现他的想法,托着他的屁股帮他上去。这个时候可以说,这孩子曾经被封闭的空间向着上方打开了。

通过语言认识

上、下、站起、倒下、上升、坠落等语言的基础是身体感觉的上和下的体验。引申这个概念,有关精神世界的语言也是如此。天堂和地狱,希望和绝望,都与身体感觉的上和下有关。任何人都不怀疑天堂在上,地狱在下。虽然现代人不相信天堂和地狱的存在,但是在有关上和下的语言中,上方表示光明的希望,下方表示深不见底的黑暗,这种认知则是不变的。

在社会生活中也是如此。当说"站在上面的立场"时,会让人听起来觉得很了不起,而其实并非如此。在德语中,用 Verstiegenheit 这个词表示爬得太高下不来的意思。Steigen 的意思是攀登，Versteigen 的意思是"攀登失败"，合起来就是爬得太高下不来的意思。Bollnow 在《人和空间》一书中指出，自不量力的意思是爬到一个本来爬不到的高度又下不来。孩子自己爬上去的地方是可以自己下来的，可是在孩子想要爬，成人又帮孩子爬的时候，就伴随着危险。自己一步步爬上去的地方是可以自己下来的。

成长的观点

婴儿是什么时候开始仰头看的呢？孩子从躺着的状态，屈膝，到想站立起来的时候，以自己的身体为基准，分化和认知上和下的空间。婴儿站立起来的时候，就明白自己的头部是上，坐屁股蹲儿摔倒的方向是下。这是和身体运动一同形成的上下方位感。走走摔摔再站起来的同时，孩子在全力以赴地学习上和下。等到孩子两岁左右的时候，他就能完全学会了。

到了两岁左右，孩子就会想从滑梯下面爬到上面去。他这样想的时候，即在爬之前，孩子的观念中已形成了上方空间的概念。就算孩子还不理解"上"、"下"的词语，但是他有想往上攀登的需求是显而易见的，孩子已经形成了以身体为基准的上下概念了。到了三四岁，孩子在有限的平面中生成空间的概念。他们以图画纸的边缘为基准认知上下，在上方画太阳，在下方画地面，在中间画人。显然，在视觉方面，孩子们已经认知了上下和中间。

我们从孩子的观点重新思考一下空间。在幼儿阶段，是很难理解语言的引申含义的。因为不能运用语言，孩子和成人的精神世界是不同的。可是在身体感觉上的上和下，孩子却比成人体验得更生动。因为成人把上下置换成了语言，变成了一种观念，简单地将之概念化了，诸如上是希望，下是绝望一样。而实际上希望和绝望并非如此简单，那是真正让自己的全部生活有时光明有时黑暗的要因。当孩子用身体感觉仰视上方的空间时,一定有直达天际的高昂感情,而涉及下的时候,能感到窥探地狱边缘时让人目眩的恐惧。

也就是说,成人用语言思考事物是以孩提时代通过身体感觉来体验空间的经历为铺垫的。在获得语言之前,孩子的生活里已经有了精神生活的萌芽。孩子不正是通过身体的直接感觉来更多地仰视和窥探活生生的现实生活吗?

当我观察自闭症患儿的时候,常有这样的想法。我们可以认为,当孩子自发地产生如爬滑梯斜面这样一个很不起眼的行为的时候,在孩子心中,向上的、向着光明未来的希望就产生了。还有,当孩子把自己最喜欢的螺旋桨从上往下扔,看见螺旋桨掉进伸手拿不到的沟里时,他会处于一种超出成人想象的灰心和懊悔里。也许有人认为,不必如此热心地把孩子掉落的东西捡回来,可是当我想到那是相当于孩子的一个分身一样重要的东西时,我就必须去把它捡回来。我觉得这样做是对的。那之后,这个孩子的世界快速地展开了。

当孩子从滑梯的下面往上攀登的时候,他的世界在向着未来扩展,教师也以此为契机进行教育。这样的例子不只限于这一个孩子,可以观察到很多同样的例子。

在象征性玩具中生长的想象力

孩子们用小小的象征性玩具(如过家家玩具、洋娃娃、玩具小汽车)玩的时候,他们在想象和思考一个大世界。象征性世界不是单纯地再现几何学意义上的缩小的世界,而是在那小小的空间里有一个很大的世界。教师和孩子一起在那个世界里活动。

旋转空间的开放

当全神贯注地凝视着螺旋桨旋转的 V 从滑梯下面往上仰望的时候，他的世界在向着未来扩展开去。

在 V 从滑梯下成功地爬上去的一周后，他在多功能活动厅一角的高台滑梯上被我抱在膝上。突然，V 又从我的膝上下去，让我和他一起围着放在多功能厅中间的蹦床一起跑。当我有节奏地跑起来时，V 便在后面追我。他不是想要抓住我，而是因为这样跑很开心。本来 V 在跑之前是脸朝下蹒跚地走着，而现在他却在笑。奔跑让他的心情轻松了，开放了。这是节奏起了作用，被放在中间的蹦床也起了作用。通常我们把这叫作"转圈跑"。V 不仅仅是对旋转的东西感兴趣，加上奔跑以后，旋转的体验变得更开放了。

后来 V 停止了奔跑，在滑梯上拉着我的手。这时有人从下面扔上来一个球。在滑梯上一松开手，球就会掉下去。V 往下扔了球，接着又自己滑下去，突然跑到院子里去了。

象征性玩具的游戏

过了一会儿，V 在教室的门口把塑料胶带拉长做成了一个斜面，用手指上下移动做着滑下的动作。几天前，当 F 老师从一旁看见 V 玩过滑梯，把塑料胶带放在手里摆弄的时候，他就看出这个孩子心里所感受到的是仰望滑梯上方时那种展开的感觉。F 老师马上把这个行为提升到象征性游戏的想象力层面。他认为，当孩子拉长塑料胶带做成斜面的时候，在孩子的内心又一次体验了滑梯的感觉。

快放学的时候，V 把塑料胶带拿在手里往长里拽。我让他把那卷塑料胶带带回家去。

在教育过程中，成人的想象力将会成为展开教育活动的力量。

第二天,V从家里拿来了一个大的换气扇、金属框、螺旋桨、盒子。他妈妈说:"他把自己的宝贝都拿来了。"V站在活动厅一角的高台上,用手举起换气扇,看着天花板哼哼着。我想他是想说,把那个换气扇安在天花板上,于是我花了好大的力气用塑料胶带把换气扇粘在了天花板上。他在高台这个小空间的上方,做了一个旋转物,也就是太阳。在一个象征性的宇宙空间里,想象力得到扩展。V摆弄着从天花板上垂下来的塑料胶带,玩了一会儿后,自己从台子上下来了。

把小积木垂直立起——又一次象征性游戏

又过了两个星期,V从家里拿来了螺旋桨和塑料胶带。我在院子里接他。他进活动厅的时候,手里拿着玩具电车轨道和玩具电车。我用轨道做了一个斜面,电车一放上去就会滑下来。V重复用手推着电车下滑。我从V对面不远的地方,把电车推向V,这时他把两块小积木像柱子一样立起来,还在两个柱子之间垂直放了一块小积木,看上去就像一个人站在两个柱子之间。我看V是在表现他自己,觉得好极了。垂直立起的柱子,是这个孩子从心里想做些什么的意识萌芽。站在柱子中间的也许就是他自己。在这样的时候,我觉得教师的做法有两种。一种是沿着孩子的想象,教师也发挥想象力把游戏继续下去;另一种是为让孩子的想象力更加自由地释放,设法设计别的游戏。

这时我想到,要想打开这个拥有很多自动玩具的孩子的世界,还需要一些没有形状的物质材料。于是我为他准备了颜料和笔。看到我把笔蘸满了颜料,V将笔放在颜料瓶中搅动后,把颜料涂在盘子和电车上,一连涂了好几个。到了下午,在院子的沙坑里,他把电车放到沙坑里,并在上面撒上沙子。这一天V一次也没有哼哼过,也没有把螺旋桨拿在手里。通过这些具体的物体，他内心的禁锢之一被打开了，不是吗？

第二天，不知道怎么的，一点小事引起了 V 的恐慌，他哼哼唧唧的，从早上开始一直缠着妈妈。这一天我很辛苦。到下午，V 不是让玩具电车行驶，而是把玩具电车重复推倒。这是度过一天之后，从这孩子身上产生的另一个课题。把象征着自己的玩具电车用自己的手推倒的行为，和把积木垂直立起的行为一样，是受到相同意识支配的行为。V 从早上来园以后，因为某个我不了解的原因而情绪低落。他通过推倒玩具电车来表现情绪低落的自己。表面看来，会觉得他在害怕着什么。

又过了一周之后，V 把两块有自己个子那么高的大积木放在自己身体的两侧，并把它们垂直立起，自己站在积木中间，然后把图画书放在头上当作天花板，两臂向两侧伸出，把积木击倒，咯咯地笑了。这样的行为重复了好多次。F 老师说这是"桃太郎"①的诞生，周围的人也都这么认为。破除了自己外壳的 V 来到了一个广阔的空间。V 张着大嘴笑了。这促成 V 的行为形成的过程中，需要孩子和教师两方面都具有象征性的想象力。在象征性的斜面上方找到光明的这个孩子，在现实世界里受到种种阻碍而不能实现的事，在象征性的世界里都得到了展开。

就算在第三者眼里不明白教师和孩子一起弯着腰在做着什么，但是在孩子和教师之间一个有着丰富想象力的世界已经展开了。如果没有这样的想象力教育也就不存在了。

---

① 日本民间故事中的人物，从桃子里生出来，故名桃太郎。——译者注

一边思考一边前进——为了培养能动性

用剪子剪——培养孩子的能动性

第三学期开始的时候，V常用手指做着剪东西的动作。他妈妈看出孩子是想剪什么东西，说"不行"，并加以制止。当时在一旁的F老师想让孩子实现他想做的事，而又不想立刻反驳孩子的妈妈，于是拿来了报纸想给孩子剪一个小汽车。孩子的妈妈说："请别这样做，我们不让他剪报纸。"这是顾及每天早上要看报纸的孩子的爸爸。想到早上家里的样子，V不由得浮现出笑容。于是F老师就拿来了图画纸，并画上小汽车剪了下来。

V用两只手拿着F老师剪下来的小汽车，围着蹦床转圈移动。很明显他是在模仿开车。接着V拿着小汽车转圈跑起来。剪下来的东西，拿在他手里就变成了自己的东西，可以随意地摆弄它。

到了下午，V把玩具警车放在纸上，用蜡笔沿着警车描出了轮廓，而后又在轮廓里面画上了一圈圈的曲线，想要展示小汽车正在行驶。

第三学期的第一天，我看见一个男孩在揪一些年龄小的孩子的头发，便忙着阻止他们。但我心里也感到困惑：我像一个教师呢，还是像一个防止危险发生的监视人？这时，我看到赖在妈妈身边的E，他正在费力地想把雨伞垂直立在自行车旁边。我走过去帮他，为了让雨伞保持垂直费了很大的力气。这时，刚才揪别人头发的那个男孩又要去揪一个年龄较小的孩子的头发。我当即想冲过去保护那个小孩，可我的腿突然抽筋不能动了。像现在这样能有机会说出当时的情况已经是十年以后的事了。

那以后的两个多星期里我都没能出现在教育现场。我那段时间的乐趣就是从我的妻子(F老师)那里听说一些孩子的情况。F老师以前在幼儿班做过老师,以上事例都是当时记录下的她的谈话。

在腿疼休息的那段时间,我对当时的教育现场进行了反复的思考。我常常想到每一个孩子,很想和他们一个一个认真地接触。我想,必须保护年龄小的孩子,可是揪别人头发的孩子一定也有许多烦恼;想把雨伞垂直竖立的孩子,是在认真考虑离开妈妈的自己怎么完成垂直树立的动作;我常常提到的V,他常常被旋转的东西束缚着……我常常被我想真情接触的孩子们包围着,想用心去对待每一个孩子的能动性。每当思考孩子的这些问题时,我总为自己的行为不力而感到非常难过。

下功夫的老师

过了两周,我又回到教育现场了。

F老师为V用纸做了螺旋桨,V看到后马上拿在手里。螺旋桨的前端部分掉下来好多次,他捡起来交给我,并重复了好几次。我不否定V喜欢旋转物这一兴趣,F老师想和孩子共有旋转的兴趣。不过教师不是和孩子做完全一样的事,而是尝试用纸做螺旋桨,通过教师锦上添花的创造性干预,让孩子开始了自己的思考。

边思考,边进步

有一次,V发现了放在旁边的铲子,并把铲子靠墙立住。我想起来这个孩子曾经表现出把积木垂直竖立的兴趣,如果把他的意识引向垂直的感觉,说不定可以唤起他的能动性。于是我用蜡笔在墙上画了一条垂直的线。V比着垂线把铲子立在那里,然后放开了手,铲子倒了下来。我想,如果是水平线的话会怎样呢?于是我又在地板上画了一条水平线,结果V跨着铲子骑着走到门口。之后,他从玩具筐里找出电风扇玩具,把电风扇靠墙立着,再把它弄倒,像这样重复了多次。V盯着转动的东西看,把旋转和垂直水平结合在一起思考着。

如果教师在和孩子接触的过程中能够边思考边行动的话,孩子也会一起边思考边进步的。

战胜挫折的力量

第三学期快要结束的时候,V一个人爬到教室一角的滑梯上。接着把拿在手里的玩具电车扔掉了。在滑梯下面的孩子又把玩具电车往上扔。V在上面接住后咧嘴笑了。这样重复了好几次。不一会儿,在下面的孩子扔的东西打到了V的眉间,V有一瞬间很像要哭的样子。但他用右手按住眉间,忍住没哭。然后,他好像要告诉别人电车玩具是怎样打到他的,用手在眉间还比划了好几下。如果是平时,V遇到这样的情况,所有的活动都会中止,他会发出呻吟的声音,可是这次他马上又继续玩刚才的游戏。当V这个孩子看着下面哼哼的时候,他的心灵会被对他人的怨恨和说不出口的烦恼封闭着,那说明他关注的是过去。而不断前进的人,即使在途中遇到挫折,也可以停留下来忍耐一时。所谓忍耐,就是在某一个场所或某一个时间"停留"。"停止"是在某个场所不再移动,和"停留"是不同的。在自己选择的活动中表现出能动性的人是正在向着未来前进的。如果没有能动性,也就没有停留和忍耐。

快放学的时候,V在玩具筐里发现了一个小车轮,想用手拿。就在这时,别的孩子抢先一步把车轮拿走了。V看到来接他的妈妈,便抱着妈妈哭了起来。V的妈妈说,V在家里没有像这样哭过。他通过放声大哭把自己的心情直接宣泄出来。

这天,我回到家里,女儿说:"对什么都毫无欲求的人,就算待在那里也和死人一样。"我觉得她说得太对了。

信任·期望·爱

难以相信的时候仍然毫不怀疑地相信，才是信任。

即使有许多不利条件，也不认为是失败的预兆。

在没有希望的时候要抱以希望。

把儿童的教育和文化结合起来。

在似乎难以产生爱的情况下也要尽量去爱。

对他人世界的关心没有任何时间的限制。

在这个世界上不能只为一己之利而行动。

教育现场充满了矛盾。 我在其中一边体验一边学习。

——摘自当时的日记

手的使用——开拓未来

和孩子接触之根本，具体来说，是在面对不确定的前途时保持勇敢的姿态。人与人的接触，无论是谁与谁，都是存在与存在的一种互动，面对一个个的互动，应考虑该如何去理解各种行为表现。这样的理解是存在于教育工作之前并且在教育工作中得到进一步锻炼的。通过这个问题，可以一窥教师的全貌，所以一定要讲这个问题。作为教师的我，一直得到同事、家人、朋友的鼓励，同时激励着我的，还有思想和阅读。方法因人而异，我是把自己当时的思考记入日记，再把它们从日记中摘取出来,以对育人的教育产生更深一层的理解。

> 新学年开始了,这是出发去探索一个未知世界的时机。在那遥远的地平线上,有着残障儿童教育所透出的对人性世界的理解,闪耀着照亮儿童教育和儿童世界的明亮光芒。
>
> ——摘自新学期伊始的日记

自己动手吃

新学期开始的第一天,V在沙坑里把树枝插进光盘的圆孔,在沙子上移动光盘,他是把光盘当车轮吧。我把他的手埋在沙子里,他一点点地活动手指让手指露到沙子外面。当手指都露出来时,他咯咯地笑了,就像自己的脸从沙子里露出来似的。这样重复玩了很多次。

在之前,V是盒饭摆出来也不去吃的。在家里也是他妈妈喂,他没有自己动手吃过饭。这天,我对他妈妈说:"您特意做了盒饭来,让他吃完了再回家吧。"于是,他妈妈把盒饭拿到沙坑边来。V一看到就马上伸出了手。妈妈说:"啊,得洗洗手。"说着就把盒饭收起来,并拉着孩子的手,让他洗了再坐在餐桌旁。

V这时已经不想吃饭了。见此状我说:"刚才在沙坑时,让他用带着沙子的手吃了就好了。""哎,可不是嘛。"妈妈也意识到了。妈妈一心想着不洗手不能吃饭,从某一方面可以感受到妈妈对V的爱。但是对于孩子来说,妈妈过于认真的反面,恐怕是遗失了现在孩子最重要最需要的东西。

第二天,我们在沙坑边摆上了餐桌准备吃盒饭。大家都在院子里开始吃饭了,可是 V 还在沙坑里继续玩。玩着玩着,他突然停下来,拉着我的手去院子里的水管洗手,洗了后坐在我旁边,想吃我的盒饭。他也把自己饭盒里的紫菜饭卷放到我盒里,用手指着示意让我吃。

第二天,V 让我拿着大积木,把四块大积木一块接一块地并排放在地板上。他坐在积木上,把一块大积木像开关门一样开开关关地玩着,连饭也是在大积木上吃的。他今天差一点儿就自己动手吃饭了,他还用手指着让我吃。

几天后,他和 F 老师进到一个圈里转圈玩。午饭时,他自己用叉子吃了草莓。当 F 老师把紫菜饭卷放在他的饭盒里时,V 也自己用手拿起来吃。快放学时,他把剩下的饭也吃了。这是他第一次自己动手吃东西。

剪断——造型的开始

新学期的五月的一天早上,桌子上放着一次性筷子。我在用透明塑料胶带粘筷子,V 马上把胶带拉出一段,还从抽屉里拿出剪子来剪断胶带,再粘在地板上铺着的图画纸上。粘在什么地方、剪多长,他用剪子比量着。他竖着粘,横着粘,对角粘,几条胶带重叠着粘。我把他的作品贴在了墙上。之后,V 把剪子移到图画纸的边缘,犹豫了好几次才开始剪,在纸的边缘剪了很多道道。他用手摆弄着剪过的纸。我想,他剪纸边时心里一定在转动着整张图画纸。

这一天,V 用自己的手剪断了胶带,还通过自己的判断决定了剪多长,并将它粘到了自己想粘的地方。虽然不成形状,但胶带都粘在了他自己决定的位置上。结果是,他用重叠多层的胶带做出了竖线和横线。这是 V 有意识的造型行为。

心里的自由空间

下午,V 在院子里跑来跑去,一会儿到这儿,一会儿去那儿。一直以来 V 总是被一件什么事情束缚着,而现在他没有目的地走来走去,说明他的心里有了自由的空间,我感到十分高兴。过了一会儿,他坐到我膝上,悠闲地看着外面,度过了很安静的一段时间。

伸开手

到了秋季学期,V 老是要缠着妈妈,两只手也总是攥成拳头。攥拳的时候,拇指从食指和中指之间露出来,看上去像是他从紧闭的外壳里向外窥视一样。他看到我用透明胶带把积木粘在一起,就把胶带拿过去缠自己的手,让手指不能分开。看上去他像是下决心不用手了,三个星期里一直都这样。到了十一月,V 和 F 老师在活动厅里转圈跑完以后,把手放在报纸上,和妈妈一起用蜡笔沿着手指画手掌印。F 老师把 V 画好的手掌印剪下来粘在他的袖口上。V 伸开了自己的手,他伸出手来拉住我的手,他的手是那样的柔软。

这天,V 离开妈妈身边,开始和别的孩子一起在滑梯上玩了。

第二天,F 老师用瓦楞纸剪了一个手掌图形,V 拿着它和妈妈一起爬到滑梯上待了一会儿,然后把拿着的瓦楞纸手形扔了下来。扔了很多次,有时是妈妈给捡回来,有时是他自己捡回来,就像"放手"这两个字的字面的意思那样。之后,他和妈妈手拉着手团团转圈,然后把"瓦楞纸手"放在地上,聚精会神地看着。很久以后,我问 F 老师做瓦楞纸手形是出于什么样的考虑,F 老师说,是想知道如果再有一个伸开的手掌,V 会怎么样。结果是,V 扔掉了瓦楞纸手掌而伸开了自己的手掌。

我并不认为是老师设计的某个教育行为使孩子变好了。因为这里存在着因果关系的痕迹,容易产生由于我的所作所为才有此结果的想法。而实际上,孩子哪怕是一个很小的成长过程都会涉及到很多因素。但我认为,在用心地和孩子接触的过程中,有新的发现是一件非常有意思的事。更重要的是,只有通过培养孩子自主选择和自我意识,才能切实地扩展孩子的未来。

教育现场是对很多孩子开放的场所。教师在和一个孩子密切接触的同时,还要应对其他孩子。在这个同步进行的过程中,我特别将焦点放在了 V 身上做记录。

V 就像这里所描述的一样,他在和我的接触中,自我挑战着,自我发展着。可是就在旁边,也有静静的什么也不做的孩子。当 V 光着脚进到沙坑里时,B 一个人来到院子里,脸上一副满足的神情,可以说是在独自享受着那个地方。她不做什么,在这个令她舒服的地方,她心里充满了安宁。对这个什么也不做的孩子,我作为教师,想和她一起体会,并认可她的行为。如果前者 V 是"实"的自我实现,那后者 B 就是"虚"的自我实现(参考第四章)。

> 我的梦想是进入孩子本身的存在和人本身的存在之中去。不是以孩子为对象要他们干什么,就只是融入到孩子本身的存在中去。所谓自我实现,那是外界的说法。儿童教育是让孩子喷涌出他们自己的想法的工作。
>
> ——摘自当时的日记

♥　♥　♥

五

从学年末到新学年开始

分班——行为和作业

到学年末的时候，孩子们的生活节奏变得很稳定。可是班主任老师们在学年末不仅要和家长面谈，还得准备毕业、结业典礼，并召开教职员会为新学年做准备。在学校这个环境中，从幼儿园到大学，学年末都是积压疲劳和紧张的时期。

三月的一天，为了几个孩子的母亲和老师面谈，工作时间延长了两个小时，当教职员会开始的时候，天已经快黑了。那天研究新学年的分班问题。教育一线的日子过得很快，转眼到了四月。在园的孩子们又长了一岁，升入了新年级。学校也同时迎来了新学生。为了完善教育环境，保证每天的教学，教职员必须在一定的时间内做出一系列决定，这是必不可少的。在繁忙的学年末，尽管教师非常辛苦，可是每位教师都十分了解这些工作的必要性。分班将决定未来一学年自己的教学内容，所以每位教师都极其认真。

虽然讨论的是未来新学年的工作，但这是基于对现状的认识和对过去经验的反思而作出的对未来的设计、规划和实施预想。正因为是规划，自然要弥补现在的不足，尽可能接近理想，所以讨论非常热烈，有时甚至达到白热化。

这所特殊教育学校的在校生人数本年和来年都各有 36 人,专职班主任 8 人(男女各 4 人),还有几位客座教师。学校分成小学部高年级、低年级和幼儿部三个班。下一年,有 5 名孩子从幼儿部升入小学部一年级,小学部便有孩子 30 名,幼儿部有孩子 6 名(此外,还有一周两次的以幼儿为主的"家庭指导小组")。毕业生数和入学新生数量相等。

班主任都希望和孩子们一起升级。根据一直以来的经验,为了能让不爱动的孩子安心活动,需要创造一个既安全又稳定的环境。与此同时,我们还想确保孩子们在各教室间自由移动和交流。尽管教师有共同的理想,但仍会涌现出各种不同的意见,要付诸实施必须要立足于各种客观条件。

经过几次会议讨论,有关来年的分班和教室配置意见终于确定下来。老师们也通过协商定下了木工活、大扫除等工作的安排。这些工作都是要通过和别人合作来达到目标的,也是实际的创造物质环境的活动。在这一现实环境中,包含着内在想象世界的教育活动都能够展开。

商量分班是有关现实框架的一环。参与商量的老师们思考着如何能让孩子内在的潜能得到发挥。这是一项需要想象力的工作。如果缺少想象力的飞跃,则现实的框架就可能堕落为各班利己的固执己见和教条主义。尊重孩子想象力的教育行为只有建立在现实的基础上才有可能,而设定现实的框架需要着力于重新评估教育的本质课题。

从现在起到新学年开始的春假期间,为了打造自己设计的环境,老师们开始进行木工装修等工作。

新学期的教育活动

到了四月,孩子们开始来校。为了打造环境和分班,教职员工一直工作到开学的前一天。环境创设是进行日常教育活动的前提,也是教育行为的背景。教职员工们已经不再问社会现实的条件怎么样,而是考虑如何能在现实条件下开展最好的教育活动。

对孩子们来说,三月底之后,他们将属于另一个班,教室也变了,一定会有很多很多不适应的事。即使有了十分充足的准备,有的孩子还是不能亲近新的班主任,并因此产生紧张感和内心的混乱。

为了应对这些情况,在新环境中需要进行能让孩子自我实现的教育。新学期中,老师们在方方面面都关注着、行动着。新环境将通过我们的教育行为对孩子产生意义。

六

保育者停滞的时候——第二年的危机

新学年四月的第一天,T走进教室,走到玩具架旁。在上学期,T很少从妈妈身边离开。这一天,他自己一个人走到了玩具架那里。我想让这孩子玩个痛快就跟着过去,我看见T从箱子里拿出玩具电车放在架子上。这孩子以前口不离奶瓶,依赖于口唇的快感,还总是靠在妈妈怀里。这一天,他不但没有叼着奶瓶,还离开了成人,自己走到玩具架那里,他的心里有了自发的意识。这时S走过来,抢走了T手里的玩具小汽车。这下子,本来在我身边摆弄玩具汽车的T便粘住我不放了。

这一天 S 可能是因为换了教室,比平时显得更加紧张,行为也非常激烈。S 追逐年龄小的孩子,揪他们的头发,我禁不住想去保护小的孩子。我还担心 T 又要缠住妈妈不放。这一天我一直想方设法让 T 不去依赖妈妈。

这一天还发生了其他的情况。今年刚升入小学部的 O,快放学时突然来到我这里。一开始她还很高兴,可和我玩着玩着就沮丧起来,接着躺倒在地上,拿我的手狠狠地打她自己的脸。在这种时候,我虽然不认为自己的接触方法有什么不对,但心里也自然地布上乌云。O 以前常有这样的行为。她打自己头的时候,待在她旁边会感到这个时间很长,我的心情也随之变得忧郁起来。我想阻止她把这种自伤行为固定化。根据我的经验,通过教师的努力,这样的行为是能够得到缓解的。基本消除这一现象的事例已经有很多。这天的 O,因为教室和班主任老师的更换,一定有很多不习惯的地方,因此,一定要理解她的心情,陪伴她一起度过这个适应期。

学期伊始,常常因为担心将来会怎么样,会不会一直都是这么混乱,所以在每天的工作中都感到心情沉重。揪年龄小的孩子头发的那个孩子,还总是要成人背着,每个孩子都觉得自己的行为是理所当然的。

这样的情况对于教师来说是一种危机。局外人看来,这样的场面是杂乱无章的,教师自己也不认可这样的局面。有时候,教师会认为,是因为这些孩子有残障才成这样的。但有时候也会意识到,可能是因为环境的设置和教育方法欠缺所至。在这时,如果有什么可以很好地解决问题的教育公式或教育理论的话,教师也许会抱住不放的。在这种情况下,教师需注意是否把能量倾注到孩子身上,而不是仅用来维持教学秩序。最根本的问题是要让孩子能够自我满足地生活,作为人能够正常成长。如果迷失了这个根本,那将是教育整体的危机。

教师是存在于孩子生活中的,当孩子遇到困难时,教师也同样面临困难。教师丧失了希望,感到不安的时候,孩子的困惑程度也会增加。孩子和教师是同伴,一方情绪下降时,另一方情绪也会下降,双方都会陷入到情绪的低谷。当孩子情绪低落的时候,成人也跟着低落,甚至被击垮,这样的例子在我周围有过很多。但同样我也看到过很多相反的例子,哪怕在最糟糕的状态下。在这学期里,我就有过这样的亲身经历。

当遇到困难时,能够让教师在继续教学工作的同时,找到解决问题的办法的力量是从什么地方产生的呢?

第一,相信任何孩子都一定会自发地变得主动,找到自身的生存意义,每个孩子都可以在和他人的互动中生活。这种信念当然不是教师随意的单方面的良好愿望。教师抱着这样的信念和孩子接触,从孩子一方来说,他们会感到自身的能力得到信赖,而不是被成人从内心抛弃,一味地强制他们服从社会规范。无论何时,让孩子体会他作为一个人是被信任的,这是孩子了解自我、发展自我的第一步。

第二,即使教师同仁彼此都有缺点,也可以相互体察别人的劳苦,相互尊重别人的认识和判断,共同考虑问题。即使是老教师,在别的教师遇到困难时,授人以解决问题的良方也不是不可能的。不深入到孩子和教师面临的问题中去,只注重恢复表面秩序是不能真正解决问题的。把每个孩子的生活和育人作为根本,教师之间互相配合,教育工作互相沟通,是每一个教师以及每一个教育机构的课题。

第三,把孩子当作一个人去培养的实践和相关研究应当坚持下去,这是社会的共同课题。每一位教师、每一个教育机构以及家庭都不是孤立的。我们应看到,从古至今在这个世界上,做着同样努力的人,不论其有名与否,一直都存在着。而现实中,当教育极端困难时,我们往往会忘记是在培养人,认为自己教的孩子不属此范畴。但是,无论是哪一个孩子,作为一个人,毫无例外地都有被培养的可能性。普通的孩子和有重度残障的孩子的生活是一样的。通过一个个具体的教育情景的积累,孩子的自我意识得以形成,成人的自我意识也会得到提升。

用颜料涂鸦

新学期开始几天后的一个早上,T 又在架子上摆放玩具电车。S看见后跑过去,揪住 T 的头发,用脚把 T 踢开。T 紧紧趴在我的背上不离开,我便带他去别的教室。当看到一本有电车的图书时,T 立刻从我背上下来去看书,看到最后,他把画着电车的最后一页撕下来扔掉了。这个行为,看上去像是在拒绝电车——被迫中断的几次游戏中玩的电车。看来,只要有别的孩子来到他身旁,他就会贴到我身上来。

过了一会儿,T 想去小便,我带他去厕所。这时,他看到别的教室水池里的颜料瓶。他走过去,把手伸进瓶子里,开始用颜料涂满双手。这是孩子自发的行为。我站在稍远的地方观察。他把水灌进瓶里,调成有颜色的水。别的孩子在同一个水龙头那里玩水,他们共用了一段时间的水龙头。桌上放着其他颜色的颜料瓶,他去拿,时不时一个人独自笑起来,把颜料涂得满手都是。制作有颜色的水一定让他感到快乐吧。

颜料看上去是吸引 T 的物质。有颜色的半液体会黏黏地粘在他身上。不过就算粘在身上了他也毫不在意。如果是成人,会在半液体的物质和自己的身体之间设置一条明确的界限,而 T 却不排斥黏糊糊的物质。

T 以前就对水有兴趣,特别喜欢喷壶。这个孩子一看到喷壶就会去拿。从壶嘴里喷出的水和从他自己身体中排出来的液体对他来说,好像没有明显的区别。

现在,在他玩着黏黏的不透明颜料时,我想他在体味和叼着奶瓶相似的快感。

　　但是,现在 T 没有仅仅封闭在这种快感中。他一看到桌子上其他的颜料瓶,就走过去拿。五颜六色的多彩的外界和他自己的感觉结合起来,产生了新的物质感觉。他内心的快感在丰富的外界中扩展,产生出外向的积极性。

　　即使玩了多次的玩具被别的孩子抢走,自己的活动被妨碍了,T 仍然要自己做点什么,他的自发性并没有被消灭。新学期开始,T 的自发性开始萌动的时候,对活动电车表现出兴趣。不过,之后的活动内容不是电车。因为与其说是他喜欢电车,不如说是这孩子到目前为止所形成的在今后具有发展可能性的独立精神,正在使他能选择活动、发现活动。

　　那一天剩下的时间里,T 在自己的教室里吃盒饭,玩得很高兴。之后,再被 S 揪头发的时候,他反抗 S 的行为,等 S 走了,他显得很愤怒。

　　T 在孩子中,是那种即使自发活动受到妨碍也会克服干扰,继续重复自己活动体验的孩子。面对在众多孩子身上发生的各种事情,教育的作用是把它们转化为对孩子成长有益的体验。有时候感到碰到的困难非常大,带班老师个人不能解决,这就需要局外的、理解教育的、愿意助一臂之力的成人提供帮助。

在不能使孩子自我实现的教育中度过的一天

　　通过自己的应变,让孩子体验自我实现的人是教师。正因为此,如果一天结束时,没有一个孩子尽情地游戏过,状况混乱不堪的话,那教师们一定会产生疑问:"这能称为教育吗?"和孩子一起度过这样一天的教师,不仅是面对外在的混乱,其内心也会产生失落感。

　　对这样的一天进行思考,我感到在教育现场存在着超出教师能力范围的妨碍孩子自我实现的外在力量。孩子中发生了"自己的东西被抢"、"抢别人的东西"、"揪头发"、"阻碍活动"等等事情,然而,做这些事情的每个孩子都真心期望能进行自我满足的活动。遇到这种情况的确需要很多人共同努力来解决问题。但是，一线教师着急的是，孩子间的纠纷超出了自己的能力范围。

回顾这几个月的工作，我认识到，即使出现混乱的一天，也是教育工作全过程中的一个环节。由于超出教师能力的各种破坏教育现场的力量的存在，教育现场外在的和教师内心的混乱是不可避免的。跨越这一混乱期是教师成长过程中的一个必不可少的体验。做教育工作的人必须坚信，无论事态看上去是多么的悲观，每个孩子也都具备建设性的自我实现的力量。

在孩子的成长过程中，跨越混乱的基本体验一般是在 2—3 岁时期。这时候，得到教师的帮助、鼓励才可能完成跨越。这一体验在孩子成长的各个阶段、在新的生活中都会反复出现。而当孩子长大成人并成为一名教师的时候，他会成为处在混乱期的孩子们的援助者（参照第二章"自我的萌芽"）。

在教育实践过程中，教师要能够预见到混乱的一天是教育全过程的一环。这一点也将通过日常的教育工作，通过加深人与人之间的理解而得到证实。

今天，在我与每一个孩子之间，会发展出怎样的思想来？在与孩子们的接触中，我愉快地盼望着。

——摘自当时的日记

七
对教育工作的再认识

这是在某一天发生的事。

几个年龄很小的孩子开始玩滑梯,我在下面接住滑下来的孩子。孩子中有的是第一次独自滑滑梯。当他们往下滑的时候,会停顿一瞬间,我看得到他们脸上浮现出的胜利表情。他们还冲着我笑。我也一时屏住呼吸,感受到了那胜利的瞬间。开始坐在地上的一个孩子,也自己站起来,独自爬上滑梯。还有一个孩子高声叫着从滑梯上滑下来,他看着我笑了。我觉得玩了很长时间。

撇开活动的其他环节不谈,仅仅我和孩子们面对面的那一时刻就极具价值,那是表明儿童情绪安定的一瞬间。我并没想做些什么去延续滑滑梯的活动,只是想和孩子们一起感受那个滑下的瞬间。我的行为让孩子们开始自发地去爬滑梯。

与孩子们共有的那种静静的稳定的心绪,使孩子们在心中萌生了小小的然而坚定的自发性,在成人心中也唤起了和孩子们一同感受现实情景的互动感。对孩子们来说,与其说是玩滑梯,还不如说是在体验和他人的互动,这才是这一天活动的原动力。

幼儿园是能让幼儿游戏的地方,这是自福禄贝尔以来的幼儿教育思想,也是 20 世纪初新教育运动改革的原点。从昭和初期(20 世纪二三十年代)到二战中和二战后,日本幼教前辈们更是努力想实现这一思想。生活在不断急剧变化的现代社会,为孩子们创造可以游戏的生活是具有特别意义的紧急课题。这不仅仅是幼儿园的问题,从孩子们的整个生活来看,真正属于孩子的游戏已经被剥夺了。现在的住宅环境使孩子们从很小的时候开始,如果没有家长的陪同就没办法独自游戏;在园时间里和回家后的生活里,计划性活动都过于密集。在这样的环境中,幼儿园里孩子们的游戏就具有更加重要的意义。

从在课程中列举出游戏的名字,排列游戏的顺序,到开始游戏,实际上,孩子们并没有真正地游戏。孩子们的生活中必须有发挥自发性的余地,如果成人没有多余的心思来关注每一个小小的来自孩子的自发性并培育它,孩子们是不能真正地游戏的。在游戏中,得到培养的是对物、对人、对世界、对人生、对自我的根本态度。只有在孩子和成人之间,拥有稳定的互动瞬间的时候,孩子们才会有自信向未知的世界跨出一步。这时,在成人的期待中没有的,将在作为他人的孩子的世界里被扩展开去,并获取它。教育就是要相遇这样的瞬间,创造共同的生活。

新的一年,1985 年到来了。回顾 20 世纪 40 年代、50 年代、60 年代、70 年代不断变化的幼儿教育界,现在是认识到社会具有"育人"功能的时候了。40 年代富国强兵的绝对宗旨被战败瓦解,社会混乱了一个时期;接着进入了经济发展优先,科学技术万能的时代。经历了这些时代之后,我们意识到教育不从属于它们中的任何一个。任何孩子都有希望,只有让他们有意义地度过每一天,才是对一个人所进行的终身教育。教育是不可见的,然而又是每天都在进行着的质朴的工作。对于教育,这个最有人性的行为的价值,我们要不断再认识、再实践、再研究。

第 二 章

寻常日子　追寻孩子的思想

——保育者的第三四年

教 师

　　工作到第三年，习惯了孩子们每天的生活，已经不太有最初一年的紧张感，也不再去特别地寻思孩子行为后面的动机。其实，正是在寻常的每一天中，包含着许多重要的信息。我们需要在那里驻足，重新进行审视。

♥　♥　♥

一

同孩子们一起在他们的世界里前进，
每时每刻都处在变化着的日常生活中

我们该如何理解孩子的想法和看法呢？

我们所能够知道的，只是眼前孩子在做什么而已。一般认为，我们并不能预测孩子除此之外的行为。如果因为这孩子经常做这样的事情，所以认为这次他也会做同样的事情，那么我们的期待通常会落空。先入为主的想法会妨碍我们看清现在正在发生的事情本身。因此,根据孩子眼前的行为来作判断才是妥当的。另一方面,如果持续观察一个孩子的行为,是能够发现这个孩子的行为特点的。以上两种认识有什么样的联系呢?

一天,K 从我的腋下钻过去,和实习老师一起,握住通往教师办公室的门的把手。实习老师把门打开,和 K 一起进到走廊里。

在这个场景中,我确切地看到孩子把手放在了门把手上。如果只看这一点,只能单纯地停留在对外部行为的观察上。更进一步,我理解孩子是想去那扇门通往的地方,是他外在的行动和内心世界合二为一的行为。但我只能分析到此吗?

一直以来,我和 K 有过多次接触,他以前也多次穿过门进到走廊,再爬上楼梯,横穿过二楼的走廊,从另一侧的门去院子里,如此反复着绕学校一周。这个孩子通过穿过微暗的走廊再回到原处的体验,在精神上获得了熟悉学校生活的快慰。正因为如此,可以认为,此时握住门把手想要到走廊去的孩子的行为是有特殊意义的。在这一情景下,回想孩子以前的行为有助于理解他现在的行为。

这天放学后,在教师开会时,那位实习老师详细地回忆叙述了 K 一天的生活。K 打开门到走廊后,爬上楼梯,穿过二楼的走廊,这样来回重复了多次。K 吊着实习老师的胳膊让老师抱,还挥舞着拖把兴奋地追赶实习老师等等。实习老师把一天中和 K 一起做的每一件事都说了一遍。会议看上去像是在叙述流水账,具体到每一件小事。可是我认为,只有通过叙述一天中孩子的全部活动才能认清孩子的世界,不是只停留在其中某一个行为上,一整天连续发生的行为才是孩子的世界。

再稍做一下补充说明。最开始,K 从我的腋下穿过,和实习老师一起往门那儿去。如果是平时,K 会和我打招呼,通常会来拉住我的手。然后,像我预想的那样,他会从楼梯上到二楼,横穿二楼的走廊。这样的行为很早以前有过多次,最近却不太发生了。另外,吊着老师胳膊让人抱,挥舞着拖把追人,却是很早以前常有的行为。现在,只要你好好和他玩一会儿,剩下的很多时间里他都能自己找到自己的游戏。也就是说,像他今天这样的行为是久违了的行为。

还有,K 对我和对女实习老师的行为是有变化的。这样的变化在对于别人时也是一样存在的,这个孩子很在意对方,会配合对方行动。如果女老师说:"啊,我累了。"他会马上从蹦床上下来。

这天,K 缠住实习老师,采取比平时幼稚的行为度过了一天,这里面有它特殊的意义。在积极活跃的生活持续一段时间之后,他想回到幼时的生活里。

K 很在意对方,对不同的人会采取不同的态度。在意对方,是对对方处在怎样的状态的认识,并且在肯定和尊重对方的前提下决定自己的行动。能够为了不让对方受到伤害而抑制自我。但太在意对方,会让自我不能充分发挥。这就涉及到爱的问题,当超越某种界限时,真实的自我将得不到表现。

实习老师谈到的 K 的一连串行为,表现出了这个孩子的世界。也就是说,教师通过和孩子一起经历一连串的行为,和孩子共同生活在他们的世界里。事后叙述的时候,在成人的意识里剩下的,是容易留下记忆的行为结果的部分。孩子把手放在门把手上,是容易被记住的行为,但在这之前,当 K 从我旁边走过时,其实已经表现出他想回到幼时行为模式的心迹,不过这在当时的会议上被忽略了。然而在教育实践中最重要的就是理解孩子这一部分心迹。那时,孩子今后会有怎样的发展还不清楚。这位实习老师虽然度过了这样的一天,但是对孩子的未来仍然是未知的。通过和孩子一起生活在他的世界里,能产生的结果是,孩子会产生刚才说到的行为。

这样想来,教育实践就是在孩子尚未成形的世界里和他们共同生活。

　　回顾这一节有关 K 的内容，被忽略的孩子的一部分心迹产生了意义，它在成人的意识中留下了位置。

♥　♥　♥

二

从相反的方向，同孩子们一起在他们的世界里前进

　　在被孩子拉着手一起走的时候，在满足孩子要求的时候，在没有让偏见引起混乱的时候，在和孩子共同经历的时候，我认为我们才是生活在孩子的世界里的。

　　我从相反的方向生活在孩子的世界里。拉住我手的是孩子，我的手被拉住，我被带去预想不到的地方；我背着孩子的时候，孩子贴在我的背上很安乐，我却感到背上越来越重；通过指尖，我感觉到孩子微妙的意志，通过背负孩子的重量，我洞察到那一天孩子的心理状态。孩子的世界不是通过神秘的方式向成人传递的，它是通过对孩子的回应，通过一起度过的一点一滴，由成人体会出来的。

　　回应并不是针对孩子的行动。如果从内心理解的观点来说，行动是心理的表现，所以我通过表现来回应内心。我被孩子拉住手，通过指尖我感觉到他那小小的渴望自由的要求，我会用心去帮他实现这个小小的愿望；对于走向院子里的跷跷板，大胆地拉着我的手的孩子，我会去充实这段只有我们两人的时间，马上给他穿好御寒的衣服满足他；一

个把全部体重都压在成人背上的孩子,他一定是从心里信任着这个成人。如果明白这一点,就不会轻易地把孩子放下来。

和孩子在一起的时候,有时我只想到自己。如果只想到自己,即使身体和孩子很近,心离孩子也是很远的。

现在我照顾的一个孩子,特别是这几周,早上一来就把我霸占住,拉着我的手到跷跷板那里,坐在跷跷板上让我给他讲故事,然后,把我拉到旁边接连玩几个游戏。有一天,这个孩子像往常一样,拉着我的手到跷跷板那儿。他看着我狂笑了一阵子后,突然用手打我的脸,狠狠地掐我的脸,然后,背对着我走到院子中间去。我看着他,这孩子后来在教室里玩,一个人玩黏土,或和别的老师在做着什么。

最初,我想不出他打我的任何外在的理由,猜想他是不是早上起早了,是不是昨天的休息日疲劳了,是不是身体上有什么不适。但是,观察他后来的行为,我马上开始反思自己。这几个星期来,这个孩子对我怀有特别的亲近感情,也许他是想要自己走自己的路,就开始逆反他一直很亲近的成人,要把成人踢开。原来是把像自己父亲一样有力量的成人据为己有,后来在这样的关系中得到某些东西后,他想走一条和那个成人无关的独立的自己的路。这时候,需要成人给予孩子以祝福和守望。教师常常是孩子确立自我过程中的踏板。

我之所以产生这样的思考,是因为这孩子在和我快活地玩过跷跷板之后,却打了我离我而去。

事后想想,这个孩子在拉着我的手朝跷跷板走去的过程中,就已经产生了两种心理——和我亲近的心理和与其相反的走自己的路的心理。可是,和孩子走在一起的我,那时还没有察觉到这样的心理。我只是回应了拉着我手的孩子,记不得是为了什么小事两个人还互相笑着,一边聊一边走。我认为孩子思想变化的过程是教育中最重要的部分。

通过对这个过程中每一环节的认真回应,其结果是,表现那个孩子的本质的行为得以产生。

孩子朝着跷跷板走去的时候,并不一定是以到达跷跷板为目标的。可以说,对我的依恋和离开我自立的心理占据着他的思想。我不必固执地坚持自己预想的目标,而需追随孩子的心理变化,无论发生什么都和孩子一起行动。目标不是跷跷板也没关系,也许还会有其他的变化。跟随着孩子的心,无目标地和他一起走是至关重要的。

当我认识到,每天接触的孩子们都有他们自己的世界时,每天和孩子们一起度过的时光就变得更加快乐了。今天会有什么行为出现在我周围呢?我期待着。

和孩子们一同生活的成人,不仅生活在自己的世界里,而且也被允许在孩子们的世界里生活,这是一件多么愉快的事情啊!

❤ ❤ ❤

三

存在和节奏

存在和节奏

蓝蓝的天空,清风拂面,我抱着 I,嘴里一边哼着节奏一边摇着他,他笑了起来。我把 I 放在秋千上,轻轻地推着他,他也绷起脚使上一点儿力。过了一会儿他想从秋千上下来,脚够不到地,就马上缩回去。对于 I 来说,身体周边最近的空间就是他的全部世界。从秋千上放下脚却够不到地面时,也许他的感觉如同是要下到最深的谷底。我认为,对有这样感觉的孩子来说,身体的生理感觉在存在的实际感觉中占有很大的比重。近三天里我有机会可以集中精力和 I 一起活动。

最近 I 发病很频繁,几乎是一整天都在室内,而且常常是在三平米左右的空间里站立踏步,摇晃着身体。表面看来,这是既单调又毫无乐趣的生活。可是,如果和 I 一起度过每一分钟的话,会知道他的生活实际上是变化丰富的。当音乐响起时,他会很高兴,一边笑一边晃动身体。我也弯下腰哼出配合他动作的节奏,I 显得很快乐,产生共鸣。这个孩子并不一定是合着音乐晃动身体,在他的身体里好像在变换着各种各样的节奏。音乐及节奏的感觉很多都是用语言和文字不能表达的,这个孩子的动作大致可以分成以下几类。

两腿上下交替踏步,晃动身体。这是他高兴的时候主要的一种动作。虽然他只是在原地踏步,却有前进的感觉。

身体停止动作,低下头,一只手垂下静静地待在那里。这不是不高兴,相反,这是动的感觉转化成静,他在做内心的冥想。

停止身体的动作,抬起头,手慢慢地向上伸,这时眼睛看着亮的方向,哼的音乐也自然地变成高音,和向下动时的低音形成对比。

手臂水平滑动,看着指尖让手臂平移到身体的左右一半处。这是在眺望地平线。看上去像是在前进的踏步。持续一会儿以后,停止动作,插入向下、向上、水平的姿势。除此之外还有以下的动作。

加进左右踢腿动作的踏步,这很像跳舞时腿的动作,不只是前进也像是在跳舞。

两腿并起来跳。这是向上的飞翔。

腿向后甩着踏步。这是在行进。

两手拿着绳子,手向左右把绳子拉得紧绷绷的。以前,这是 I 的一个很有特点的动作,但现在,他两只手攥得很紧,绳子却没有绷紧。眼睛、手和绳子之间构成的紧张空间现在松弛了下来。手的紧张松弛以后，他甩着绳子，开始踏步。我轻轻地握住他的手。这样他会时不时地伸手过来摸我的手。

我配合 I 的动作，变换着嘴里哼着的音乐节奏，一会儿和他讲几句话，一会儿拉住他的手，很快两三个小时就过去了。在这个孩子小小的世界里，有前进、有停滞、有跃进、有寂静、有向上向下的动作。当你和他一起感受这些动作的时候，仅仅三四平米的空间也会有丰富的变化。

在普通人的生活中，有太多内在的外在的刺激，身体内部产生的变化变得不容易被感觉到。和 I 这样的孩子接触后，会让我们意识到，韵律感不仅是受到外部的刺激产生的，它也存在于人类身体内部。当成人合着孩子固有的身体韵律再加入音乐节奏时，孩子会为此而高兴，和成人共同享受由成人加入的节奏。正是如此，原始的身体感觉被加上了文化的意味。

由于发病，节奏被破坏

下午，I 开始不高兴了。本来是站在床上的，突然直挺挺地向后倒在床上，发出巨大的声响。I 大哭起来。据说在家里他的病情每天都这样发作。对于 I 来说，说不定是感到突然被打了头，被推倒了，这是他身体内部产生的感觉，并不是他身体外部的体验，倒下是突如其来的外在表现。我赶紧把他抱起来，他在我怀里一直哭。这事件对有身体残疾或生理残障的孩子来说，是起决定性作用的事件。这是孩子本人不可理解的瞬间。几分钟之前还是有秩序的世界，由于发病及随之产生的外部冲击使平常的感觉被毁坏，孩子的世界陷入了混乱状态。但是，没过一会儿，I 一边让我抱着，一边用自己的头轻轻地撞了几次墙和桌子。在他的头脑中，好像是在确认到底刚才突然发生了什么事情。I 想把生理上的被动转化成主动，想试着恢复自身的秩序。一个小时以后他又开始笑了。

第二天的发病是他正在做前进式踏步时。仅因为膝盖稍稍碰到了我的腿,I露出非常惊讶的表情,立刻停止了踏步,接着就发病了。他在我怀里不停地颤抖痛哭着。I在踏步时碰到了坐在椅子上的我的腿,但是对于他来说,这个外部的冲击,这个突如其来的身体感觉打乱了他内心的世界。内心的世界和身体感觉的世界对他来说是同一个世界,惊讶引起了发病。视觉和听觉的世界带来的刺激不会引起发病。由于感觉前进和跃动的身体部位——膝盖遭到了碰撞,才引起了发病。他手脚紧张、号哭、心理混乱的同时,还尝试着用头撞墙。

第三天,I在发病之前就已表现出不高兴,来拉我的手,让我站起来,因而引起了我的注意。他靠在我身上开始发病,在我怀里哭了,但靠在我身上又慢慢不哭了。四十分钟以后他的心情好了,又开始前进式踏步。

成人也在同一节奏中

这种因发病而引发的内心世界的秩序由混乱到恢复的过程,也许平时照顾I的班主任老师是非常熟悉的,但对我来说却是偶然地,虽然只是三天,在我和I的接触中,发现了I在接受冲击和从混乱中恢复过来都是有过程的,即生理性的发病也和教育工作有着很深的关系。最初,成人会惊异来自孩子的突发行为,但是成人要意识到,抱住的不仅是生理上也是精神上处于混乱中的孩子,要和孩子一起体会内心秩序恢复的过程。

因此,发病这一生理决定性的冲击,不能只被看作是生理上的病态。我们应该想到,怎样通过教育工作让有这样病态的孩子更好地生活。发病后孩子自己用头碰墙来确认情况的行为,不也是多年来在父母和其他成人的保育下发展起来的孩子精神上的放松吗?

恢复后的节奏和存在

对于生活在身体感觉世界里的孩子来说,身体的节奏感具有特别重要的意义。前进的感觉,静止下来向下的感觉,向着上方的光明伸展身体的感觉,水平的伸展手臂创造眺望空间的感觉,制造出紧张和松弛空间的感觉等等,都是伴随着身体节奏的体验。一般来说,成人在一天中的情绪也会有高低潮,而且情绪多是受外界事件影响的。但是,我们最初的情绪来自于我们幼小时候的身体感觉。以前进的感觉为例,在成人生活中这个感觉无意识地起着重要作用。这种作用在一些特殊场合就会看得很清楚。比如说,在堵车的时候,即使是很短的时间也会感到难以忍受。哪怕只是前进一点儿也会觉得好过一些。精神方面也是如此。在困难中,前进的感觉支撑着我们的生活。即使过得非常安乐,如果没有前进的感觉,也会觉得生活很无聊。每一个孩子在这一点上也是一样的。

在外界意识还没有形成的成长阶段,生命的存在感和身体的节奏感密切地连接在一起。

四
儿童的自我实现及保育者的自我实现

3 岁的 K 早上来到院子里,马上用两只手拿起面前的大块砖头,笔直地朝着礼堂方向走了将近 20 米左右,然后把砖头扔进了沟里。对于 3 岁的孩子来说,这是一块相当重的砖头。我看到他两只手搬着砖头走的时候很是惊讶。把砖头扔到沟里以后,K 又退回到门边,重复地拿起一块砖头。

这是 K 早上刚来校就发生的事,这孩子一定是想来到学校后要花力气做些什么,然后就对他第一眼看到的东西付诸了行动。

回想一下人搬着重物行走的感觉,那时候人把精力都集中在一点上。这个感觉对于人来说十分重要,在分神的时候是做不到的。

这种身体感觉同成人工作时的集中精力是很相似的。在成人的世界里,当各种条件具备,相互配合得很好的时候,他就能全力以赴地工作。尽管成人的工作伴随着各种各样的报酬和评价,但是如果不花力气工作,工作中就会感到空虚。劳动本身是快乐的。这样一想,孩子搬起重物行走,虽然这样的行为不会带来任何效益,但却是成人工作的原型。

早上,K 一进校门就用两只手拿起第一眼看到的东西,这个行为对于孩子来说,外界的事物成为了他挑战自我的表现形式。对于产生了内在生命力的孩子来说,外界的吸引力在于让他自己去完成一件事情。

准备环境和教材是非常重要的。但是,对于保育者来说,更重要的是培育孩子的内在生命力。只有这样,孩子可以在任何地方发现自己的兴趣。反之,无论准备的教材和活动多么丰富,都不能算作是让孩子自我实现的活动。

花力气做某件事的体验,可以在人的心底形成自我实现的需要。

幼儿初期自我实现的体验,是人一生人性形成的基础。不过,成人以后所从事的社会工作有时看上去像是放弃了自我实现。因为社会工作并不一定是实现个人抱负的道具。稍微偏一下题,就这一点,可通过前几天刚刚出版的一本书——北川台辅的《第一代和第二代——强制收容所里的日子》(1986)来思考一下。

北川台辅著《第一代和第二代强制收容所里的日子》

这本书叙述的是第一代和第二代美国日本移民。特别是在第二次世界大战中,因为他们是日裔人,他们从自己开垦的土地上被驱赶出去,送进了强制收容所。书的内容围绕当时一个牧师的经历而展开。作者北川台辅是我年轻时留学美国期间,给过我很多教导的老师。虽然这本书对于美国人来说,是站在日裔人的立场上诉说日裔人的苦难,但实际上书中贯穿着超越了日裔人的全人类平等的人道主义精神。作者已于1970年在瑞士去世,他是一位沟通美国和日本的国际性人物。

这样写好像是在赞颂故人。其实,在最近读到这本书的译本之前,我对二战中日裔人强制收容所几乎一无所知。我不知道北川台辅和收容所有过这样深入的联系。当我身在异国去拜访讨教北川先生的时候,我认识的他总是一边忙碌地整理着书籍,一边对我幽默地娓娓道出事物的根本。

美国人也会竖耳倾听北川先生的话,他就是这样一个人。二战后,在后来成为美国副总统的民主党人的汉弗莱当明尼阿波利斯市市长的时候,北川台辅作为日本人,担任了市长顾问机关之一的种族问题委员会的委员长。在我留美期间,北川台辅先生举办过和美国士兵结婚的日本妇人的恳谈会,还为憧憬城市生活却引起了社会问题的美国印第安年轻人做过心理咨询。北川先生不仅帮助日裔人,还帮助各种各样的人。当北川先生作为圣公会的牧师站在布道台上,做着内容严谨的讲话时,会让人感到他是一位学者。北川先生一有机会就教导我们留学生,想要结交到可以相互信赖的朋友,就必须超越种族和国籍的界限才有可能。

　　这次阅读译本才第一次了解到北川先生是通过怎样的努力,作为种族沟通的桥梁而终其一生的。

　　在这本书的序中有这样的记述:"在那样的事态下,作为一个人能做些什么呢?从那个瞬间开始,我的人生不再是我个人的了。因为,我作为几百个生活在这个地区的日本人的朋友,我投身到调节日本人社会和美国种族社会之间关系的工作中去了。"(18—19页)

　　那样的事态指的是,1941年12月7日日本攻击珍珠港以来,本来是美国社会中和平居住且以务农为主的日裔人一下子被当作敌人这一严峻事态。在那样的时候,北川先生所做的事是,尽管平常生活在一起的人们很穷困,但是让每个人完全改变自己的人生远景,开始完全不同的人生。而且,这一切都贯穿着对人类的深深信赖。关于此,书中是这样记述的:"对于我来说有一点是可以肯定的,即在不断发生的所有事件中,我相信美国人的正大光明和正义。在我内心深处,我相信美国人没有图谋要给日本人施加痛苦。"(66页)这种对朋友毫不动摇的信任,成为北川先生后来调节不同种族关系工作的根本。在此无暇详述,从这本书里可以看到那个时代少有的人生经历。

　　很多人都知道我在孩提时代比别的孩子翻倍的淘气顽皮。实际上,这是在挑战外界、释放自己的能量,从而积累了很多自我实现的经历。这些经历成为认知自我、和他人产生共鸣、信赖他人的基础。淘气顽皮的孩子看上去像是不求进取,而实际上他们是在自我实现着。

　　在教育现场,教师的工作看上去是为满足孩子的要求而忙碌,没有什么个人自由的工作,所以教师有时会变得急躁。但是,回到根本的问题上来,教师通过帮助孩子自我实现,重新考虑自己内心的需要,然后不仅发现孩子的需要,也是自己作为人的真正需要。这个过程就是教育实践。教师的生活是广义上的自我实现的快乐。

❤ ❤ ♡

五
一如既往

暑假后,迎来新学期第一天的前夜,我想到久别后和孩子们的
重逢,心情一直不能平静。特别是因为今年暑假前,我为出
席 OMEP(世界学前教育组织)的世界理事会,去以色列旅行了一次,
因此我想知道那些孩子,那些家长,会带着怎样的表情来学校呢? 长期
不在学校的我在担心不安的同时,也清楚地想起置身在孩子们家长们
的活动中的快乐。我想,即使有预想不到的事情发生,作为他们中的一
员,和他们生活在一起的决心是不会变的。

我经常有这样的经历,即在夜晚黑暗中自言自语的事,在白天的光
明中变成了真实地展开的现实。

新学期的第一天,孩子们和家长们陆陆续续带着朝气蓬勃的表
情走进校门。不知何时,我也加入到他们中间。很快,院子里和教室
里像往常一样充满了叽叽喳喳的孩子们和来来往往的成人们,非常
热闹。

我想,可以说保持一如既往的生活是人幸福的基本要素吧。但是,
在细小的事情上,即使在日复一日的稳定不变的生活中,也有孩子会出
现不同于平常的情况。

一个孩子从校门进来时,紧紧地抓着他妈妈,看到我像是有点怕

生。我想我要是主动接近他会给他压力，所以我坐在沙坑边上，看着他的眼睛。当他和妈妈走近我的时候，我站起来迎上去，他抓住我的手进到教室里。以前我去加拿大回来的时候，为了和这孩子恢复亲近，曾经花了几个星期的时间，这次很顺利地恢复了我们之间的亲近。

　　另一个孩子在校门外转来转去，不马上进来。他妈妈背着一个婴儿，默默地看着他。我站在树荫里，一会儿和他对视一下，一会儿又藏起来，结果他自己把校门关好后，一个人进来了。

　　K下午找到我，像平时一样和我在沙坑里玩了一会儿之后，在教室里的滑梯下面把球往上扔，让我在滑梯上接球，这样重复着。几个月来，K一直这样和我开始游戏。今天一开始，和平时一样，K把球从滑梯下面反复往上扔，之后他把球放回去，又拿来一个瘪了的球。看上去是要开始玩和平时不一样的游戏。接着，他用两只手拿来了中等大小的一个红球和一个黄球，从滑梯的下面反复向上扔。看上去他是准备了我和他两个人用的球。努力地释放出自己能量对自己进行挑战的K，从堆放在墙边的大积木的最上面，抱下了自己能抱动的几块最大的积木并摞在地上。碰到自己抱不动的积木时，他把我叫过去，让我帮他拿下来。即使孩子开始进行和平时一样的游戏，其经历也会使游戏内容产生变化。

　　上学期结束时，从把K的例子写进"儿童的自我实现和保育者的自我实现"以来，我感觉到有必要从与K相反的例子来注意孩子的自我实现。如果把努力释放型的自我实现叫作"实的自我实现"，那么反之，就是"虚的自我实现"（参照《如何看待孩子的世界》21页）。属于前一类型的孩子，发现了自己要挑战的对象，在教师的帮助下，一边尝试着失败一边实现。属于后一类型的孩子，享受着什么也不做的状态，在不被人注意的边上观看在院子中间玩的孩子。对这些孩子，成人易采取想尽办法让他们加入到其他孩子中去的行动,可是,如果这些孩子察觉到来自成人的压力,就会拒绝任何诱导。不过,如果成人认可孩子的方式,和他们一起坐在边上,安静的细微的孩子的世界就会传达过来,我们会看到一个不同的与世无争的世界。这样的孩子在我的周围有好几个。

　　B就是这样的一个孩子。但这孩子在新学期的第一天却在教室的中间走来走去,大大方方地看着人笑。她好像长胖了一些。"暑假里她的食欲很好。"她母亲笑着说。和往常一样,她总是无目的地走来走去,不过从她的身上可以感觉到朝气。希望这个孩子心情愉快的日子越来越多。

　　母亲们久别重逢,孩子们放学后,她们互相谈笑着欢聚在一起。

　　一段时间没见面之后,又能和平时一样熟人相聚,是每个人都希望的。一如既往的意思不是说在和以前同样的状态下再会,也不是说继续保持同样的生活模式,而是在教育中,孩子们永远充满活力,这一点不会改变;回应孩子们的我们,对于孩子们来说,是生活中的活生生的人,这一点也不会改变。看着母亲们充满朝气的身影,可以想象出暑假里她们和孩子一起生活的样子。

　　成人与孩子都和往常一样。孩子把我们带回到原点。如果能把自己变成一个生气勃勃的人,那么新学期的教育现场也将充满生气地展开。

　　一个瞬间既是我的世界中的一部分，也是全部世界的一个缩影。"现在"不单单是一个片断，我们和孩子面对的不仅是那一个片断或瞬间，而且也是孩子的一个世界。我把孩子的世界作为一个研究的课题，忠实地面对孩子们及其隐藏着的存在，创造一个可以接受孩子本性的社会，消除对孩子的所有偏见。在教育和我的工作上消除旧观念和偏见，注重孩子的本性，能够和孩子一起享受现在。

　　这孩子的世界浓缩于这一瞬间，并在此刻表现出来。

　　我，在此刻，和这孩子共度时光。

　　　　　　　　　　　　　　　　　　——摘自当时的日记

第 三 章

让 "现在" 充实起来

——保育者的第五六年：班主任

> 在成为教师的第五年,我担任了班主任。 唯有我才能保护这些孩子,这样一种责任感让我感到与孩子和家长之间的亲近感更近了一层。

❤ ❤ ❤

一

接受变化

四月初,新学期的第二天,我陪着总是早上第一个到校的 L 一起在院子里的水坑处玩。如果是平时,这孩子是喜欢用铲子挖泥,把树叶扔到水坑里的。可在这天,他却使劲地拉着我的手。当我和他一起把手伸进泥里时,他看着我笑了。当我不看 L 而看别处的时候,他就会拉拉我的手让我继续注意他,于是我便继续和他一起玩。要请别人一起做自己想做的事,需要信任对方和推测对方,我认为这是 L 通过暑假发生的成长变化。

孩子们一个接一个地来校了。新的学期、久违的学校都让我产生一种紧张感,总担心孩子们会不会不知所措。因此,孩子们来的时候我都站起来迎接他们。一个孩子瞄了一下我的脸从我身边经过,另一个孩子和我玩了一会儿就去了自己的新教室。

这时,我听到了不太熟悉的哭声,回头一看,是在水坑那儿玩着的L发出的。我赶快走过去,他哭着的脸上立刻浮现出了笑容。我责备自己的粗心大意,因为担心其他孩子而忽略了他。于是我专心地在L身旁呆着。但是,在陆续来校的孩子中,有的也需要我和他们待一会儿,我在L和其他孩子之间一时不知何去何从。

这时我注意到,离校门很远的山茶花丛那儿,一个孩子直愣愣地站在那里窥视着院子,他是R。最近一次看到他是在学校毕业典礼那一天。在我念祝词时,他拉我的手要我和他玩,他父亲马上把他带开了,那以后我没有再见过这孩子。上学期我常常和这孩子一起度过早上的时间,因为他来校后总要和我玩相当长的时间才能开始他的一天。这一天,R站在树丛那儿是想看看学校的院子有没有变化。我朝他挥挥手,他在远处笑了,从校门外跑进来。这是我预想到的学校环境变化后孩子的反应。如果我不像以前一样和R玩的话,他对学校的信任就会动摇。我一边担心着L,一边和R一起进了教室。过了很长时间,我看到L和其他老师很高兴地玩着。在我不在他身旁的情况下,这个孩子出乎我的预料,他拉住别的老师的手重新开始玩了。就这样,这孩子在我的照管范围之外,扩大着他和其他人接触的圈子。

R在我照顾其他孩子时,开始和他今年的班主任老师一起玩了。

从表面上看,我和这些孩子们的接触并没有什么变化。实际上,我认为每一个孩子为适应新学期的学校环境,都在发生着变化,都在尝试形成新的生活方式。

新学期里,班次、同伴的面孔、班主任老师和教室都会发生变化。孩子们自然会感受到和以前不同的空间。作为老师,为了尽量减少孩子们的不安,我想尽最大的努力。当然,环境的变化对成人来说也非常大,学生不太熟悉,负责的班级也换了,加之有了新的工作要求。因此,尽管我想和以前一样做事,但是孩子们还是能感觉出我的变化,并对此做出敏感的反应。

学期伊始的很多变化会让师生都有不知所措的时候。为此,我作了充分的考虑,尽量让孩子们可以过与平时一样的生活。比如,对在校的孩子们来说,由于学校接连不断地举行毕业典礼、开学典礼,使得他们很多天都不能正常地玩。① 因此,去年我只让新生参加开学典礼,而让老生从开学第一天起,就可以带盒饭来校,过与平时一样的生活。同时,我们教师之间也达成默契,允许孩子进到自己熟悉的以前的教室里去。

变化,从人的内心来说,是这样一种感觉,即感到自身以及自己对周围的感觉与过去有所不同,而现阶段自己尚未习惯。正因为此,变化会伴随着对不可预测的未来的不安。面对变化的人,首先是想保持原来的自己。但如果总是保持不变的状态,自己又会对现状产生不满情绪。因此,不如接受被置于和以前不同状况里的自己,然后通过新的自我调整,把自己推向一个更高的层次。虽然自己看来是被动地进入到变化的环境里,但是,从另一面来看,这是在积极地接受变化,塑造一个新的自我。也就是说,自己主动地迎接了新的挑战。当然,如何应对挑战因人而异,在人生的不同时期也各有不同。

新学期初对变化的不知所措,使我重新认识到教师是在和孩子的共同生活中完成自己人生的人。因此,我开始从被动地接受这个事实向积极地行动转变。面对不能预料的新学期的混乱,教师要再次坚定站在孩子立场上的决心。同时,在和同事、家长共同教育孩子、创造孩

---

① 日本学校 3 月底学年结束,4 月 1 日新学期开始。所以,有的学生会参加学校为毕业生举行的毕业典礼,然后再参加新学期的开学典礼。——译者注

子生活的过程中,去发现新的教育意义。无论怎样,教师要面对变化,接受新情景下的自己,放宽视野,重新塑造自我。

孩子是一样的。孩子能不能把变化的危机转化为成长的契机,是要看在同样状况下的成人是如何做的。

昨夜的梦:我在国外住进医院了。身体还可以,却躺在床上不能动。我曲着膝,因为床不够长。医生帮我把床拉长,于是可以伸直腿了。身体好像有一处出毛病了,会致我死。我断掉橡皮膏,坐起来下床去,边走边想自己是不是死了……梦到这里就醒了。在夜里我思考这梦的意思。可能是我在学校已经工作四年了,感到工作告一段落。今年开始当班主任,陷在自己的班级里几乎动不了吧。人会因为某种原因而死去,然后再重获新生。在学校里,能够纯粹地保持自己有时候产生的某种感觉也是挺好的。我对教育无所怀疑和担心,只是单纯地去面对孩子的生活。

关于我的新生活的思考:

从根本上说,是为孩子创造一个生活的地方。既不是以经济为本,也不是以管理为本,而是以人的成长为本。自己担负起自己的命运,重新觉悟之后,独自肩负自己的任务。让旧的我死亡,新的我再生。

——摘自当时的日记

❤　❤　❤

二
和每一个孩子生活在"现在"

手被拉住——不能和每一个孩子充分接触的矛盾

这年度,作为幼儿部的班主任老师,在照顾一个孩子的同时,也必须顾及到其他孩子。如果是作校长,花几个星期时间和孩子们接触就可以了。可是班主任要每时每刻都注意自己班里的孩子。在照顾一个孩子时,往往会挂念其他孩子,因为不知道他们在做什么而变得情绪焦躁。

从很早以前就开始依赖我度过每一天的R,很敏感地察觉到了我的心情变化。这个孩子平时不说话,在有什么需要的时候会发出很大的声音并走来走去。四月里,他这样的行为变得多起来。即使是做同样的游戏,这孩子的动作也有了微妙的变化。他在滑梯的平台上和我对视,喜欢和我玩捉迷藏游戏。但是在开始游戏前,他让我的头固定靠在滑梯铁柱的某个位置,好像意味着不想让我到别的地方去。

可是,在有其他孩子存在的空间里,我想和多数孩子一起游戏。于是,我躺在地上学耍赖的样子,其他孩子看到后都乐了,可是R却站起来,脸朝向门口,手向后伸过来拉我。我如果不让他拉,他就发出很大的声音。显然,R并不喜欢我和多数孩子一起玩。这个孩子想制造只属于我和他的空间。

这时,偶然经过的一个老师从正面看着R的脸,发出"呜——"的声音逗他,他张开大嘴笑了。这几个星期里都和他在一起的我,还没看到过他如此高兴的表情。他时不时地回头看我一眼,和那个老师玩了好几分钟。

我认为,平时的学校是让每一个孩子按照自己的方式生活的地方。但是,我一有机会就去照顾别的孩子,R如果不和其他的孩子一起玩的话,日子是不是就会变得很难过了呢?这样的考虑让我和R呆在一起时觉得很累,对他来说,学校也变成不愉快的地方。R想制造只有我们两人的空间。如果那样的话,我是否应该积极地享受这个空间,把生命注入到这个空间里,努力与R在一起过好"现在"呢?

支持自我的力量

一个星期前,R和我在桌子上玩黏土。他喜欢用刮刀在黏土上刻线或者切割黏土。他让我拿着刮刀,以代替他的手做这些事。另一个孩子过来了,在同一张桌子上开始捏黏土,三个人就这样玩了一会儿。突然,另一个孩子抢走了R手里的刮刀,还打了R的脸。R高声喊着,朝着教室中间摇摇晃晃地走去。

这时,R不去拿回自己的东西,也不求助于成人,只是高声地叫喊着来回乱转。他没有可以去抵抗的强大自我,只能无目的地边走边吼,声音好像是空中的回声。我马上追上去,向他伸出了手。我想让他明白,即使自己是被欺负的弱者,仍然有人是站在他一边的。我和R手拉着手一起走来走去。

过了一会儿,R同以往一样和我一起骑自行车,从后面抱住我的腰。这时他会故意把重量压在我身上。

这孩子的自我意识特别弱。只有在可信赖的成人的帮助下才能保持住。所以当这孩子需要我的时候,我必须全力回应他。回应 R 和想去关心其他孩子的愿望,常常让我顾此失彼。

活在"现在"

如果是出于完成任务的动机,在和孩子接触时是不可能从心里感到快乐的。只有轻松地享受和孩子在一起的时光,即使时间很短,也能和孩子的心沟通。

在这样反思之后的第二天,我非常用心地和 R 一起充实"现在"的时间。在滑梯上互相对视着玩的时候,我劲头十足,尽可能玩得很愉快。当然,这并不是说我不注意其他孩子。在我眼前接触到的每一件事我都认真地对待,这样,孩子在每一个时刻都可以感受到来自成人的悉心呵护。R 从那天起,为了让自己的游戏更有意思,他在滑梯台上和我做着往日的游戏的同时,还隔着窗户对教室里的成人喊叫,甚至对着他们笑。他已经对我放心了,从而可以去关心别的事情。过了一会儿,他进了教室,有段时间他没有回到我这里,这是从上学期到现在很长时间都没有出现过的现象。没想到这一天,我可以有机会和别的孩子从容地接触了。我重新意识到,我的这点滴思想变化竟对孩子有如此大的影响。

当人预测将来会发生的状况而采取自我防卫时,是不能充分地过好现在的。因此,如果认真地和一个孩子过好"现在",又担心不能很好地照顾其他孩子的话,就属于这种情况了。我联想到自己上幼儿园时老师的面孔。记得那时老师虽然站在我身边,但是眼睛却一直看着远处,那张面孔让我感到非常孤独。已是几十年前的事了,我还把当时的心情写出来,十分抱歉。但这却是任何人都可能有的事情。也许这位老师当时也是一边照顾着我,一边在想着其他孩子吧。

从这天起,R 和我开心地玩一会儿后就从我身边离开,这样的次数越来越多了,我和别的孩子的接触也因此变得容易起来。

学年伊始,看上去环境和以前没有变化,孩子们却常常能察觉到班级和老师的变化。一边要照顾依赖成人的孩子,一边要照顾多数的孩子,让人感到心力不足。和每一个孩子建立坚不可破的关系是需要很多能量的。然而,不能和孩子好好度过一个又一个瞬间的"现在",是不可能充实孩子们的生活的。

♥　♥　♥

三

通过充实"现在",孩子们开始成长

在和孩子们一起充实地度过"现在"的时候,孩子的能动性开始启动,社会性随之发展。

在我对班里别的孩子越是注意的时候,R 越是要拉着我,引开我,更加依赖我,不允许我去注意别的孩子。

但是,当我和这个孩子一起去充实"现在"的时候,情况起了变化。连我自己都感到吃惊,这个孩子每天都在开始一些新的尝试。从事教育工作的人在不同场合一定有过同样的经历,这是一线保育者以自己的实践做实验而得到的发现。

追逐游戏的开始

六月初,R 到校后不久,来到了我所在的幼儿部教室。在这以前,他来校后的第一件事总是到处找我。

R从外面的院子进来,我站起来走近他,在抱起他把脸贴近他的时候,他咯咯地笑了。我们这样重复了几次后,他围着蹦床一边跑,一边回头看着我笑,示意我追他。我追上去抱住他的时候,他大声地笑起来。R从教室的出口跑进了院子,我因为担心教室里的孩子们,所以就站在门口应对他。这时他发现隔着玻璃窗门和我相视而笑很有意思,于是从院子里跑回我站着的门口,和我对笑,这样重复了几十次。

我不能只照顾R,当他跑到院子里去的时候,我得照顾别的孩子。过一会儿,R跑回来示意我去追他,把脸贴在玻璃窗门上,张着大嘴和我对笑,头上背上都是汗。这样单纯的事情对这个孩子来说是这样的开心。

过了一阵,R从滑梯下面爬到上面,看样子想让我到他那儿去。可是我不能离开教室,于是他不知跑到什么地方去了。后来我才知道,之后的一个小时,他在院子里的水池那儿同别的孩子和老师一起玩水。

这一天,从R让我追他和两人相视而笑开始,追逐游戏便有了开端了。而就在一周之前,R还喜欢拉住我,靠在我身上,和我互相看着笑,不肯从我身边离开。可现在,R已经可以和我隔一段距离或者隔一段时间不在一起了。在他汗流满面地、充实地度过的时间里,可贵的能动性在他身上产生了,他把同样的能动性也带向了其他活动。

肯定"现在"

R从我身边离开后,B和O老师到蹦床这里来了。这几个星期以来,B一直和O老师形影不离,这一天也是如此,B既不在蹦床上面跳,也不在蹦床下面钻来钻去玩,只是一直靠在O老师身上。作为旁观者的我马上意识到,即便没成固定形式,但是能和老师在一起这样地生活,对B来说是很必要的。然而,如果我是O老师的话,也许就会考

虑,是不是有其他更有秩序的生活呢? 于是我焦虑起来。为什么 B 会
这样呢? 我这样想其实是否定了孩子"现在"的生活。即使生活应当有
所变化,也首先要肯定孩子现在的生活方式,只有这样才能帮助孩子拥
有未来。从 R 的例子来看也是如此,我正面肯定了他不愿离开我的事
实,并和他一起充实地共度了一段时间,之后才产生了这一天的追逐
游戏。

自我

过了一小时,R 回到我身边。他又想和我玩先前玩过的脸贴脸、眼
对眼互相笑的游戏。很长时间以来他已经习惯了和我在一起,我觉得
应该好好和他玩,所以重复了多次这个游戏。这时 B 突然来了,揪了
一下 R 的头发,R 大声哭起来,拉着我的手一起走出了教室,来到院
子里。

如果以前出现这样的情况,这个孩子会不知所措,不能自控,只会
喊叫着来回乱转。可这一天他紧紧地抓住了我的手。之后,R 从滑梯
下爬到上面,又像平时一样想把我的头靠在滑梯栏杆的一端。但是他
试了很多次,觉得靠这里也不行,靠那里也不行,好像在想怎样才能保
住我在他身边似的。当他看到二楼教室窗户里老师的脸的时候,呼喊
那个老师并笑了。他看上去像已忘记了刚才头发被揪的事情。

头发被揪,这是突发于孩子身上的事件。然而 R 能够很快地恢复
到平常状态,这说明他面对突发状况的自我意识加强了。R 曾经是一
个自我意识模糊,挨打过后即刻崩溃而无还手能力的孩子。可是现在
他可以很好地维护自我了,如玩水的时候,当别的孩子来抢他手里的水
管时,他会不放手了。看来在和我形影不离的这几个星期里,这个孩子
的自我意识加强了。

给玩具"达摩"①的眼睛上颜色

进到教师办公室后，R 先打开窗户，看一会儿行驶在道路上的汽车，再贴近我的脸互相对笑，这是他常玩的游戏。但是有一天，R 没打开窗户就从架子上拿下一个很大的玩具"达摩"，并用油性笔开始给"达摩"画眼睛。这是几天前 R 开始的游戏。开始画眼睛以后，他别的事情都视而不见了，画得极其专注。被红、蓝、黑、紫涂过的"达摩"眼睛闪着青黑色的光。这个孩子发现了注入自我意识的对象。画完后，他让我把他背到教室里去。

回想以前，R 一直就很注意别人的眼睛。两年半前刚进我校的时候，他很少和人对视。后来，慢慢开始喜欢图画书里有人脸的画面，还喜欢把我推到角落里，很长时间和我对视着玩。现在，他用自己的手、油性笔、颜料、铅笔很认真地画"达摩"的眼睛，这是因为人的眼睛对他来说有特殊的意义。有时候，R 带着好奇看着我的眼睛，似乎想看透我内心深处的想法。

长期隐藏在这个孩子心里的精神问题，现在在他进行的活动中开始表现出来。

吃饭

这一天吃饭时，R 一直安安静静地吃，而平时他吃饭中间会站起来好几次。他用手把食物送到嘴里，这是把外界的东西送入自己身体内部的行为，是生理需要，属于自我确立的初级阶段。R 和我形影不离的那段时期里，在吃盒饭的时候，他也是用自己的手把食物送进嘴里。通过摄取食物，在自我意识的领域得到确认，把自己想做的事情变得容

---

① 日本一种传统玩具娃娃。——译者注

易。幼儿园里,吃过中饭之后,孩子们开始自主地游戏也是这个道理。

这一天,R 一直坐着,直到把盒饭吃完才去院子里,而且没有再回到我身边。

不回避其他孩子

快到放学的时候,我在院子里遇到了 R。他拉我到跷跷板那里,和我一起玩了一会儿。这时别的孩子也来了,我让别的孩子替代了我的位置。一段时间以来,R 终于能接受两个孩子一起玩的现实。如果是以前,只要有别的孩子过来,R 就会拉着我的手离开那里。

适应社会

R 喜欢盯着各种各样成人的脸看,边看边笑。他已不只存在于我们两人的封闭空间里。这个孩子在度过了充实的"现在",产生了能动性,确立了自我的时候,开始对别人产生了兴趣,他本人也接受了社会。这和适应社会是不同的,这是孩子自身内部被社会化,从而成为社会的一员。

当孩子和教师一起充实地度过"现在"的时候,随之而来的充实感也会向其他的人和事物辐射,使孩子主动地接触社会。这个道理是我在新学期开始的头两个月里重新认识到的。与其性急地让孩子完成一个个的活动,还不如下功夫培养孩子的自我意识,这样才能让孩子自己发现自己想做的事情,并将之发展成有价值的活动。

回顾从四月开始的孩子们的变化,可以将这种变化称为成长。每天的教育工作都在重复着怀疑、尝试、感受和思考,在解开我的疑问的同时,孩子们也向前迈进了一步。帮助孩子成长的原动力存在于成人和孩子接触的教育生活中。

四

孩子们成长的一天

自己走

我从教室来到院子里，站在那里，偶然注意到 A 在背后碰我的手。

A 是从妈妈的腿上下来后，一个人从里面屋子横穿教室来到院子的。那一天，这孩子一个人在教室里走来走去，爬到墙角的台子上，再走过台子和墙之间的窄道。在平时，这些地方都是他拉着妈妈或者我的手才能去的，而现在他一个人在走。

我注意到 A 碰我手的时候之所以表现出惊讶，是因为在这个行为中，我看到了孩子内心的想法。平时埋藏在他心里的想要一个人独自行走的意志，这一天在各种条件具备的情况下，终于变成了行动。

为了追上在院子里的我，在从妈妈的腿上下来横穿教室走来的时候，这个孩子表现出勇敢的行动。我理解他的心理。如果注意到孩子行动时的勇气，必然能够理解这样的心理。这一天我重新意识到，我们常常因为工作的忙碌而忽视了有意识地走进孩子的心灵。

A 在那之后，常常一个人这里那里地走来走去。这是带有能动性的步行，能动性是很长时间以来这个孩子一直面对的问题。这一天，他为了从后面追我,拿出勇气步行,当这样一个行为实现的时候,能动性这个问题从此开始得到解决。

孩子不是刺激—反应链条上的一环,他们是抱着自己内在的课题而行动的存在。教师也不能仅局限在期待反应而给予孩子刺激这一点上,教师是触及他人和自身存在的本质、在现实中生活的人。发现孩子的内在课题,与孩子的内在课题相呼应而采取行动的时候,成人和孩子的关系会开始创造性的变化。我躺在地上喊"救命啊",A 就会立刻抓住我的手想把我拉起来。在那样做的时候,就是个人独立自由地向前迈步。对我和孩子来说,尽管之后的未来充满冒险和尝试,但我们会继续触及存在的本质,脚踏实地开拓前方的道路。教育工作的每一天就是这样一步步地向前迈进的。

动摇的心

早上,M 从校门进来走到院子中间时,缠住妈妈,好像为什么事在撒娇。我注意到了,可是我不能离开正需要我的孩子,看到熟悉 M 的 F 老师时,我把情况告诉了她。

又见到 M 时,他在骑三轮车,和 F 老师一边喊着一边在院子里骑。放学后我问 F 老师,什么方法让 M 变得这样有活力。

M 是敏感的,他常常在进学校还是跑出去之间犹豫着,F 老师和随时都有崩溃可能的 M 交往着,又度过了一天。我们看到的孩子有精神的活动状态,是教师在看不到的地方给予他们帮助而展现出来的一个侧面。显露这个孩子本质的游戏也是与这样的教师接触后才产生的。到了下午,M 在活动厅的蹦床上有节奏地蹦跳着,一点一点地踏步,重复着摔倒、爬起,爬起、摔倒的动作。看着这样游戏的孩子,我配合着他嘴里哼着的节奏。M 接下来合着我的节奏又摔倒、爬起地多次重复着。他不能忍受被别的人弄倒,与其被别人弄倒不如自己摔倒。摔倒了再爬起来是 M 的课题，他在愉快地尝试着这个课题。

吃盒饭时，音乐一响起他就用手堵住耳朵停止吃饭。过了好一会儿他小声地说"请停下来吧"。这个孩子尽管害怕着，但拿出了勇气，表达了自己的意愿。快放学时，即使别的孩子也在蹦床上，他也不再害怕了，还自己配合对方的动作一起蹦跳。

要理解犹豫不决的孩子，就要了解孩子内心的课题是什么，教师要追寻这些微妙的心理变化轨迹做出相应的配合。配合孩子的人不只限于一人。只有这样的人陪伴孩子度过一天，孩子才会安心地蹒跚学步，向成长迈出一步才成为可能。

M 在暑假里经常这样不行那样也不行地撒娇。撒娇可以被看作是不知该进该退的矛盾心理的表现。M 不换睡衣，一定要穿上婴儿时的小衣服，穿上后又说什么也不脱下来。这行为表明，是要长大还是不要长大，他的心里正在矛盾着。

重复着后退和前进，孩子们有了点点滴滴的进步。在与理解孩子心理的教师的接触中，孩子们得到成长。

普遍意义和个别意义

教师常常会因为孩子的行为而感到惊讶或者困惑。在这时，凡是发现到的孩子的行为，如"一个人走路"、"向妈妈撒娇"等，都可将之记录下来。进一步还可以察觉出孩子这些行为背后的想法是什么，也可以记录下来，并看看孩子是"勇敢地"、"坚决地"、"意志坚定地"、"骄傲地"做出这些行为，还是"困惑地"、"尽管害怕，可还是下决心"做出这些行为。

一个行为具有两方面的意味，普遍意味和特定孩子的、特定场合的个别意味。需考虑这两方面才能接近孩子的本质。成人这样回应孩子的时候,孩子才能努力去完成自身的内在课题。成人在场时,孩子安心地尝试独立行走,重复自己摔倒爬起来的游戏。

只有这样,教育现场才会成为孩子成长的地方。

有关行为与思想

当人做出某种行为的时候,是把思想融入进去的。所以可通过行为来解读思想。当人说话的时候,会带入思想,所以可从语言中解读思想。我从行为解读思想的时候,先把行为转化成我的语言,这是不同于行为者本人的语言的。通过语言解读思想的时候,思想变成了行为者的语言。我从他的语言来解读他的思想。

当一个实习老师说,让K换内裤实在不容易的时候,其述说中反映着实习老师自己的思想。当别人述说K换内裤不愿意被人看见、很害羞时,实习老师的思想和K的想法被综合在一起,重合起来了,从而使听众的理解得以创造性地展开。世界到处都有各种表现,等待着创造性地展开之时。

——摘自放学后教师之间的谈话

♥　♥　♥

五
孩子们是通过身体行为探究人生的哲学者

孩子在游戏的时候会表现出本性，这对于每一个孩子来说都是相同的。

去年才开始会自己走路的 5 岁的 A，最近常常玩球。我有时会和 A 一起玩。教室狭小的空间也是我工作的地方。看着 A 追着球跑，我意识到，她会在这里学习到对人来说很重要的一些东西。

早上，A 进教室来，笔直地朝着屏风后面装球的箱子爬去，然后拿出来好几个小球。她抱着这些球，球掉下来时就追着球跑。她一看见我，"啊"地喊了一声，就向着我放开了拿球的手，球滚向我。这样重复了几次以后，她让我躺在地上，然后把脸凑过来贴在我耳朵上，我叫了好几次"小 A"。这样做了几次，她又开始拿出球来，再放手追赶滚动着的球。

我握着 A 的手，我站起来 A 也跟着站起来。A 手里拿着两个球，摇摇晃晃地走着，球掉了就停下来捡，捡起球以后又继续走。就这样，她一直继续走着。

把球放到地上，让球滚出去，再爬过去抱住球。A 重复着这些动作。

A 看到的球和我看到的是不同的。对她来说，球是很宝贵的珠宝。因为布球被叼在嘴里，所以球就变成了 A 的一部分。她通过自己的意志把球滚到各处。即使把球滚走了，球对 A 来说也依然存在。她追上去，想再把球拿在手里。"啊"的喊声是招呼别人把球滚回来。

我每天和 A 一起生活，回想起她其他一些生活侧面。

以前，A 在餐桌上把食物扔得到处都是，可最近却在托盘里吃，把东西集中在一个被围住的空间里。把篮子拿给她的时候，她会把手里拿的球放进篮子里。被围住的空间对她开始具有了意义。

以前，A 对于无论食物还是其他东西，总是到处扔，扔到自己够不到的地方，不喜欢有界限，超越界限。弹钢琴时，也不喜欢弹曲调，总是从键盘左边一直弹到右边音阶的极限。她的表现让人觉得在她周围充满了温暖的阳光，她自己坐在阳光的中心。

现在 A 开始明白，即使球从她手里滚出去，也并不是失去了球，球依然在属于她的范围里。她会追上球，重新拿在手里，然后再放手，再占有这个球。她拿着球的手会伸向我，但是不会放手了。

我陪着 A 把红、黄、白、绿各种颜色的球扔到四面八方，再去追上它们。这个游戏 A 是不会玩腻的，这让我浮想联翩。A 已经明白了，对她来说很重要的球即使放走了，球依然是存在的。但是，她常常有一种危机感，觉得球会跑到她的手够不到的地方。尽管如此，A 还是放手了。我也有和这类似的经历。我在女儿结婚独立时产生的感觉和 A 十分相似。

昨天，一位母亲来到学校，她的孩子今年四月刚毕业。她说她的孩子进了一所公立特殊教育学校中学部，每天都愉快地上学。的确，每个人都有让所爱的人永远待在身边的想法，但是，放手让他独立才是平等的人与人之间的关系。外边的世界并不由我支配，甚至存在危险，所以在放手的时候必须慎重。另一方面，外面的世界也是真实的人——甚至可以说是神——运作的地方。人性——深层意义上的人性的存在是超越个人界限的,只有这样的存在才有普遍意义。你相信这一点,你就会下决心放手。

A放出去的球,有的被她捡了起来,有的滚到了她看不见的地方,A放弃了那些不知去向的球。允许某物从自己的范围内离去,做到这一点需要具备两种认识,一是相信该物的存在或其自身的生存力量,二是信赖外界的庇护而放心地将之托付。

幼儿期的体验和成人的精神之间不能画等号,不能因为有无数的事件和感受体验,而把它们直接地联系在一起。但是,成人的精神是在幼儿期体验的基础上才得以形成的。孩子怎么变成成人的过程是一个非常吸引人的研究课题。

一边和孩子玩球,和孩子共有一个世界,一边思考各种各样的问题,这是做教师的乐趣。可是对于孩子的行为,成人怎么能够凭借自身的体验来妄加推测呢?

这里再一次分析和思考一下前述的滚球游戏。

不能把这个游戏笼统称为"球的游戏"。刚才已经说过,这个游戏中包含了很多内容:

1. A"去追球,想要抓住球"的事实,正确地说,应该是我看到A那样做。我没有去追球。我随时随地都做好配合A的准备,在旁边看着。也就是说,我不只是客观地看着A的行动,而且是在解读如果我也做出同样的行动会有怎样的意义。以把自己放在孩子的位置上行动作为前提,孩子和我会同时存在于同一情景中。

2. 我活动身体配合A的行动,由此我参与了A的行动。围绕一个球,从两个不同的立场进行同一个行动,在这里也存在着两人互换位置的可能性。由此,两人可以互相调节、连续行动。

行走时球掉下来的时候,我明白这个球有多么重要,所以会停下来捡，否则就不会停下来而只管走过去了。如果成人能够想象出 A 所处的步行困难是一种怎样的状态，那无论如何都会帮她把球捡起来的。成人这种设身处地的想象绝非妄加解释，而是在和孩子的连续行动中必然产生的人的智慧，这一智慧将有助于教育工作。

A 在玩球，并不是在做"球的游戏"。重要的是重复行动，即拿住球、放手、追球、再拿回球。即使有失去球的危险，她也在尝试放手。也许这个行为还可以有别的解释，但无论怎样，这是事后成人加上去的语言，A 的所为是语言之前的行动。因为行动在语言之前，所以行动的内容比语言更丰富。

孩子是通过身体的行为探究人生的哲学者。孩子身边的成人设身处地地考虑孩子行动的深层意义时，就会成为孩子内心世界的回应者。这个道理在每天的教育工作中得到证实，得到新的发展，由此使每天和孩子接触时的教育行为更加妥当。

❤ ❤ ❤

六
与身体的疾病共同生存

必须承认，人的身体带有各自天生的体质或疾病，我们被一些不以自己意志为转移的条件所左右。但是，即使如此，人也具有或多或少的积极向上的因子，这在特殊教育学校孩子们的身上同样可以看到。

转暗

6 岁的 A 像以前记述过的那样,在第二学期时身体很好,能很好地行走、做游戏。我也为能把精力释放在每天和孩子们接触的时间里而感到高兴。我毫不怀疑第三学期也可以这样度过。在这样的信念中不知不觉迎来了新年。

一月的第一天上课时,让妈妈抱着的 A 从妈妈怀里下来,停步在教室门口的小推车前。面对教室门口摆放着的玩具,尽管都是我洗得干干净净可以放进嘴里的,可她碰也不碰,径直进了教室。她妈妈一边脱大衣一边说,这个新年糟糕透了,A 发病发得相当厉害,这几天一到夜里,每隔五分钟就发病一次,孩子根本睡不好。面对新的一年我本来干劲十足,因为这之前一切都很顺利。可从现在开始心中被满天的乌云笼罩了。A 和她的母亲由于不可抵制的外力,生活的根底动摇了,明朗的新学期开始转暗。这看上去似乎有些夸张,不过,作为和孩子生活在一起的教师,我了解孩子世界的变化是有某种力量在左右的,所以其情绪低落是当然的。

A 像平时一样爬向玩具架,滚动一个小球,催促我和她一起玩。传了两三次球之后,她爬到我的膝盖上,要我和她玩"脸儿脸儿出来了"[①]的游戏。她妈妈在准备离去时说:"孩子一发病,我的神经就不由自主地紧张,得努力控制自己的情绪才行。"

A 和我玩了几次"脸儿脸儿出来了"的游戏后,两只手捂在嘴上,眼神变得空洞。过了一会儿,她靠在我身上发出轻微的呼噜声,这是 A 发病时的样子。我抱了她一会儿,她睁开眼睛站起来,伸手示意让我给

---

① 一种日本的儿童游戏。游戏一方用手捂住脸,嘴里说着"不在,不在,出来啦!"的同时放开手让对方看到自己的脸。婴儿会因为消失了的脸又出现而笑起来。——译者注

她打开放着午餐托盘的架子。我把 A 喜欢的托盘拿出来,这时她又用手捂住嘴,眼神空洞,靠到我身上。我请路过的老师在地上把被子铺好,我把抱着的 A 放下让她躺好。两三分钟后,A 微微睁开眼睛,盯着坐在一旁的我,一会儿她又闭上眼睛。A 有时候会在学校睡觉。以前,她一般会熟睡一两个小时,不管周围多吵都不会醒。可是这一天,她频繁地睁开眼睛,用手捂住嘴,盯着我,这是与往常相同的发病状态。几个小时里我都不能离开 A 的身旁。

这段时间里,好几个孩子来到我身边。在平时会使劲拉走我的孩子,这一天也出奇地安静,都自己玩。K 一个人用颜料涂石头,时不时到我这里来对我笑笑。在有病人的家庭里,大家都会轻手轻脚地经过病床。当时教室里也是这样的气氛,而这不是成人有意识要求的,当病魔真正袭来的时候,每一个孩子都能感觉到一股超人的力量的存在。两年前激烈发过病的 H,今天在我旁边扭了一会儿扣子后就到别的教室去了,跑来跑去的 M,在跑过被子旁边时,也决不会踩到 A。A 有时候睁开眼睛的时候,旁边孩子们的声音给她带来愉快和温暖。

发病时能动性也会起作用

发病时脑中的生理变化是超出人的意志力之外的力量,是在本人预想不到时突发的灾难,人躲避不了这样的灾难。但是,在这样只能被动接受的状态下,如果自己有面对不快和苦难的柔韧性,那么就比较容易战胜它。周围的成人是可以帮助孩子克服这些苦难的。

不会说话刚刚会走的 A 是有自我意识的。她很明确地有自己想做的事和不想做的事。

上学期开始时,刚刚会走的 A 有一次自己走了五米左右到柜子那里去拿盒饭,再拿着盒饭走到餐桌。她让我帮她打开饭盒,尽管当时才上午 10 点半左右,但我想这是孩子自然而朴实的生活,不能让她等到吃中饭的时候再吃,所以我帮助了她。吃完盒饭后,A 自己回到玩具架前玩了起来。孩子自己产生愿望,自己把盒饭拿来吃完,这一连串的行动可以让她产生不是别人而是自己做了事情的真实感。在孩子生活的小舞台上,A 在操纵着自己的东西。也就是说,在这里她看到了自己的力量。现在,在发病这个难以抵御的外力强加于身时,这一自我的力量将会变成面对外力的力量。

A 发病后,总是微微地睁开眼睛,"我在承受灾难的时候你真的在我身旁吗?"她用这样询问的眼神看着成人。之后,我和她玩她平时喜欢的"脸儿脸儿出来了"的游戏,她虚弱地伸出了手。当 M 在她旁边往 A 喜欢的小球上用笔写字的时候,A 想伸出手夺球,可是突然又发病了,她无力地垂下头,呼噜着睡去,可是手还一直伸着。从 A 的这一行为可以看出,在发病这个生理性的事件中,孩子自身的能动性依然还是在发挥作用。

不仅是孩子,成人也同样如此。受到自身力量不可抗拒的身体上、社会上的外力冲击时,能把被动变成主动的力量是人自我的力量。从精神层面推及到更广阔的世界里,重新发现那个事件的意义,也是人创造出的文化的力量。

A 的母亲说,以前也有过几次连续发病,这次发病孩子最明显的行为是,即使是在夜里也会贴到母亲的脸上来。对孩子来说,只有这样,挺过去才更容易一些。

新年伊始,特殊教育学校的一角发生了前面一幕。

> 我认为,对于经常发病的 A 来说,身体的舒适是最重要的,她的母亲很同意。 以前有段时间,为了让 A 的生活有规律,即使她在睡觉,也会把她叫起来吃饭。 但是现在我们会优先考虑她的身体是否适意。
>
> ——和 A 母亲的对话

七
教育的专业性　教育的合作性

教育的专业性

现在,我每天都能感受到与孩子们交往时的快乐和与之伴随着的紧张。

A 从今年元旦以来发病频繁,从第三学期第一天开始,来到学校也总是睡觉。她醒来时,我能看到她意志的闪现,但她马上又会昏睡过去。当这样的情况持续两周左右时,我和她父母都开始认真考虑,在 A 这样的身体状况下,怎样才能让 A 和她周围的人能够愉快地度过每一天。

有一天,A 的母亲和医生商量能否减少 A 服用的药量,医生同意了。发病厉害时,A 的母亲受到孩子发病现象的冲击,求医生想办法,于是医生决定逐渐增加药量。A 的母亲轻松地笑着说,都是她的态度才让药量增加了。

观察 A 的行动发现,她动作迟钝,表情不愉快,无论做什么都会中途睡着。我们不知道这是发病造成的还是服药的原因。虽然是因为病情才增加了药量,但结果看来应该是两者都有影响。我们希望 A 在不发病的时候能够愉快地生活,但是通过两个星期的观察,我对此产生了疑问。我怀疑这是不可能的。

又过了两个星期,A 在学校的时候不怎么睡觉了,她不再发病,声音也慢慢地变得有力了,又开始和我一起滚球,整天都很活跃。看到她又找回了快乐,我觉得好极了,尽管夜里有时她还会发病。A 的状态也许是因为短暂的休病期,也许是药量减少所致,姑且不论其中的因果关系,我想说的是,要尊重医学观点的专业性,同样也要重视每天看着孩子们生活的教师的观点的专业性。

现在的情况正是医生尊重了母亲在生活中的判断所致。这个判断是根据日常的情况得出的,是有说服力的。如果医生坚持其专业权威,力主减少药量会造成不可挽回的后果的话,母亲就会对自己的判断产生不安和动摇。在现代社会,分门别类的专业科学和受到制度保护的专业性很容易造成这样的不安和动摇。把孩子每一天的全部生活都变成有生命力的活动的教育工作,往往只被当作杂务,教育的专业性在逐渐消失。母亲如果没有发现教育的意义,是不会把自己的能量倾注进去的。教师则认为教育工作从属于其他的专业,认识不到教育是创造有生气的生活这一教育的高层次专业性。这样的情况,让现代生活更加不稳定,丧失了安定和光明。

教育是帮助对方创造自我的工作。教师是能承担这样的工作而发现人生意义的人。平日教师的生活是连续发生的小事,他们不知道这样的重要意义在何处。但是,仔细观察,每天都有不同的情况。如何解读这些情况的行为,是赋予教师的高度专业性的课题。

我们的生活,无论是身体上,还是社会上,几乎可以说是命中注定的,是不因人力而能改变的。在这样的制约中,愉快地度过每一天,找到各自生活的意义,创造有生命活力的生活需要教育的力量。

教育的合作性

从事教育工作以后,懂得了一个人只有一份力量。在自己力所不能及的地方,必须委托他人。当其他人和孩子接触时,即使是同一个孩子,也会发生和我接触时不同的状况。在这里我们有共同的对人的理解,相信别人和孩子之间也能产生富有活力的关系而把孩子托付给他。同时,别人身上有和我不一样的感性、力量和见解,所以当孩子与其接触时,孩子身上不同的特质会被引导出来。这个道理在教育工作中是显而易见的。

如果一个人想万事包揽,就会对教育造成妨碍。通过麦克风远距离地操纵很多人,只是这样想想就觉得这种做法实在是很滑稽的。可以说,仅用科学论证的公式来控制教育行为,是在无视人与人之间的关系。

实际上,在有活力的教育活动中,只观察其中某一时段时,会发现常常是一个成人对一个孩子。然而成人常常不好好重视和一个孩子相处的时间,而是把注意力分散给全体。这样使教育活动变得很浅薄。如果我们观察孩子一天的生活,会发现一个孩子往往和很多成人接触。

这正是封闭的人际关系治疗和开放的人际关系教育的不同之处。对于教育工作来说,在同一个教育现场必然和很多人产生关系,如果没有教师之间以相互信赖为基础的合作,教育工作是无法进行的。

一天早上,我看见3岁的E拉着O老师的手在爬上二楼的楼梯。之后,看见N从校门进来,我迎了上去。我跟着这孩子走进了校长办公室,N从我的桌子上拿起眼镜,就到二楼去找O老师。以前我让N给我戴上眼镜,陪他玩过很多次。N会给和他在一起玩的成人戴上眼镜(最近刚刚去世的N的父亲是戴眼镜的)。N找到O老师之后,拉着O老师到楼下去了,于是我就开始和E一起玩。E在来来往往的大孩子之间穿来穿去,他手里拿着一小块蓝色透明的拼图块,同时用手碰这碰那,他好像在用听觉感受着各种声音。我想象着他的感觉和他一起走来走去。午后,E和另一位实习老师在一起。听实习老师说,那天下午E一直在弹钢琴。而如果和我在一起的话,E是不会发展出这样的活动的。

到了下午,N让我代替O老师和他一起玩蹦床。我想着各种办法和他玩,享受着和N沟通的快乐心情。几个孩子和一位女老师在周围热闹地跑闹着。过了一会儿,一位戴眼镜的男老师路过,N立刻拉住他的手,和这位年轻的男老师一起蹦床,N看上去更高兴了。

N和E在这一天结束时都满意而归。如果两个孩子仅只和我接触,是不会有这样充实的生活的。几个成人,随机应变,在某一时刻,以相互信赖为基础,让孩子分别与不同的教师活动,每位教师都想方设法地和在场的孩子一起游戏。这样的游戏连接起来,让每一个孩子都可以把那一天变成属于自己的一天。

实际的教育工作是依赖于教师之间相互信任的合作关系而进行的。这种关系需要每一个人在面对他人时,都将对方视为与自己平等的人。之所以能够互相合作,一方面是因为同事之间互换的可能性,即相信自己处在对方的位置上也会做得一样好；另一方面是，相信不同个性的他人会在教育中为儿童发展出不同未来的可能性。这些想法交织在一起创造了富有活力的教育现场。

不仅是教师同事，家长也是和我们有信赖合作关系的保育者。

保育者看上去像是被封闭在狭小的世界里，实际上保育者并不孤立，他们是巨大的育人共同体中的一分子。

八

班　级

有这样一个孩子，总爱爬到高处，眺望远方。孩子在看什么呢？是看天空中飘浮的云朵，还是看嬉戏欢闹的同伴？我现在有时间来揣摸孩子的心思，因为对初次见面的我，孩子还没有兴趣。从四月一日开学到现在，已经过去一个月了，在这以前我只发觉这孩子喜欢爬高。

新班级的新学年是忙碌的

四月，新学年开始，新生入校。我所在的学校今年收的孩子比往年多。在我负责的班级里，由于原来的孩子也需要成人好好照顾，每个孩子都需要关注，所以每天都是在忙忙碌碌中度过的。如果不当班主任的话，可以从一开始起就特别留意某个孩子，可是做了班主任以后，就不可能只和某个孩子独处,即使在和某个孩子接触时,也会担心其他新来的孩子会不会有什么不安。因此,只要一有空就会去这儿看看,去那儿看看。到一天结束时,简直想不起来今天跟谁做过什么事。我的这一状况制造出了一种心绪不宁的氛围。我认为这是规定班主任一定要照顾全班孩子这个班级制度造成的结果。可是,如果没有班主任制度,又会出现某些孩子被所有人忽视的现象。因此在现实中,尽管有着这样那样的矛盾,学校还是以班级为单位运营,我们也只能以最大的努力去顾全所有的孩子和家长。这样一来,新学期的班主任成了最忙碌的人了。

因为有带班老师的关照,孩子才得到成长

成为班主任以后,我心里强烈地感觉到,如果我不保护孩子们的安全,每天和他们一起生活,是没有其他人能做到这一点的。一个孩子在成长的时候,需要一个持续地、无微不至地关怀他的人。让每一个孩子都有一个人负责照顾他,这应该是特殊教育学校的责任。

我不知道这是否能与班级制度拉上关系,但是我明白班级制度是必要性的产物。

如何看待班级里的孩子

成为班主任以后,会区别看待自己班和其他班的孩子。虽然知道不能这样,但是一看到其他班的孩子在哭或者独自寂寞地呆着的时候,马上会带着批判的眼光去想,这个班的班主任在干什么哦。其实,看到问题的教师如果能去帮一下忙,哪怕只花很短的时间,都会带来整体上好的变化。可是这一点除了需要成人帮助的孩子以外,成人自己是意识不到的。班级的框架已经先入为主了,哪个孩子属于哪个班是人为决定的,这个人为的决定改变了人的看法。而对于孩子来说,这个人为的决定却可能改变他们的命运。

在我班里有个孩子特别喜欢别班的一位老师,那个孩子很多时间都是和他喜欢的老师一起度过的。我对那位老师说过"对不起",可是想想,那个孩子是这学校的学生,他选择了那位老师,我有什么必要道歉呢。同样,长时间都在我身边的孩子,不管他属于哪个班级,我也努力去满足他们的需要,这该是理所当然的事情。去年此时,别班有个孩子想要我跟他一个人玩,有关这个孩子的事前面已有记述。因为所属的班级不同,那孩子和我都产生各自不同的烦恼。班级界限改变了人的认识。

从这点来看,如果不是班主任,纯粹地回应任何孩子的需要都被认为是很自然的。所有的学校都需要一批不固定班级的教师。如果有很多这样的教师,学校的情况会变得非常好。

同事之间彼此了解地进行教育工作

我是许多孩子的班主任,要对每一个孩子无一遗漏地留心。一直到我习惯了教师之间的互相理解和合作之后,我才有了更多的和孩子一对一认真接触的时间。有的孩子不再需要我照顾,别的老师同样照顾得很好,让我很放心。我慢慢开始认识到,只有通过和一个孩子深入接触,才能对孩子的整体有所认识。如果那样的话,有必要决定哪个成人负责哪个孩子,不过不必受此关系限制。成人之间主动了解熟悉彼此的状况,随机应变地行动才是自然的。孩子有时会选择成人,偶然的相遇可能把我和某个孩子连结在一起。与此同时,一个孩子在一天的生活中会接触很多成人。我认为这是教育现场的特色。

彼此熟悉状况,相互配合的行为并不只限于特定班级的班主任之间,也涉及其他教师。班主任担任的班级是很明确的,但是要灵活地看待班级的权限。全校的全体教职员工合作照顾全体孩子的共识是教育工作的基本。

到了四月末,很幸运,学校里来了实习老师,实习老师成为教育工作共同体中的一员。如果每位教师能一边留意周围孩子们和成人们的状况,一边决定自身的行动的话,教育工作整体上会更加顺畅。在特殊教育学校里,教育工作需要很多成人。但必须看到,在日常教育中,孩子们也与教师在相互教育着,他们从小开始在人与人的关系中自己思考并行动,也就是说在某种意义上,他们在影响教师。这种师生互动是保育和教育的大课题,它在民主的幼儿教育环境中被培育起来。

教师的人数和母亲的参与

几天前,OMEP(世界学前教育组织)英国分会有人来访。他们的第一个问题是,日本的新生是不是在四月开学时一齐入学。因为在英国是每月都有孩子入学,即每月让当月出生的孩子入学。如果日本也像那样做的话,新学期的混乱也许会缓和很多。

前几天,我和孩子的母亲们开了个恳谈会。有的母亲刚从欧洲回来。据她说,法国学校请家长到班级里帮忙是非常普通的事情,在世界各国这也是很普遍的。听了这话,在座的一位母亲深有感触地说:"教育工作虽说是学校教师的职业,可一个老师照顾这么多个孩子实在是太辛苦了,做母亲的如果不帮忙的话太说不过去了。"她认为日本的家长把孩子全权委托给学校,出了问题则全都怪罪学校的态度是不可取的。家长应当协助学校,不论什么时候,只要自己有时间,哪怕只是做点小事也行。在我校,如果孩子离开父母就会不安的话,让母亲陪伴在孩子身边一年或两年的情况也不少见。这样的家长会渐渐地关心更多的孩子,并去照顾他们。对于家长来说,这是一个很好的受教育机会,对于学校而言,是获得很好的理解者的机会。

一个成人能细心照顾的孩子人数是有限的。配备能和每一个孩子充分交往的一定数量的成人,是提高教育质量的前提条件。然而对学校的管理者来说,这是一个难以完成的课题。

孩子通过和各种各样的人接触而成长

班主任要留意班上所有孩子的一举一动,这需要相当多的体力和精力。班主任的付出很容易让他觉得自己是最了解孩子的人,而这样的想法往往会让班级变得封闭,甚至由于班主任的主观认识而错误分析孩子的情况也会出现。

我负责的一个孩子总喜欢做为难成人的事情。我虽然尽可能地协助这个孩子做他想做的事,但是考虑到如果出什么事故就全是我的责任时,我便和他保持一个合适的距离,既能关注到他,也可以在发生什么事情时及时赶过去。有一次,我看到他和别班老师在追逐着跑来跑去,脸上浮现出在我这里看不到的笑容。这让我明白了,班主任虽然很重要,但是不拘班级的界限让孩子和人交往更重要。

在实行班主任制的情况下,为了不让自己和孩子的关系变得封闭,需要让孩子多去接触他人,我认为这是班主任的一个重要工作。

每一个孩子能充满活力地按照自己的方式生活,这是决定教育质量的标志。就制度而言,有利弊两方面。班主任制度可以使我在自己能力范围内周到地和孩子交往。但是我发现,因为自己是班主任,结果过分地约束了自己和孩子。制度是为人服务的,孩子不是为了制度存在的,我们要时常回到这个原点上来。

我记录的内容是学校和幼儿部老师们都知晓的情况。我做了多年教育工作,但是做班主任却是第一次。就这一点来说,这是一个晚来的学习。通过当班主任的经历,让我开始思考什么才是确立成人和孩子关系的社会基础。

　　我的身体是我自己参与制造的。为了第二天的工作,我得晚上早睡,不让身体过度疲劳。从事保育劳动的我就是这样参与身体保护的。

——摘自当时的日记

第 四 章

在教育工作中思考成长

——保育者的第七八年

在教育实践第一线,孩子们和我都是自由的。尽管我被孩子们的存在束缚着,但由于孩子们是自由的,我跟着他们也就自由了。在省察这些体验时,我希望方法是自由的。

我信任孩子。我要让孩子能够接受信任着他们的我。

——摘自当时的日记

一

在教育实践中思考成长

现在有必要思考教育和成长之间的关系了。在这几个星期里,我一直在教育实践中思考着这个问题。

B第一天来到我们学校

我遇到了第一天来校的B,跟着他一起上厕所。B撕下卫生纸扔进便器用水冲走,一卷冲完后,又去旁边的便器做同样的事。他一直盯着便器里看，还把耳朵贴在地面上听水流的声音。然后他到后院反复多次把土块扔到干燥的地方。在院子里他捡起石头扔到水坑里。我好几次都看到他母亲在他身边。

从这一天开始，几个月中他都在做同样的事。因为持续的时间过长，让我感到不安，感到跟他的接触逐渐变得疏远。

挨着教学楼有一块干燥的地方，呈堤坝形。B喜欢在堤坝的斜坡上用土做成小土球扔着玩。有时候我会几个小时陪着他，长时间地在堤坝下面背阴处一起玩。有一天，孩子的母亲告诉我说，B喜欢把石头扔进水里，别人以为他在看水纹，其实不是。他是觉得石头会落下去不可思议，他像是一个物理学者在研究问题。如果是会说话的孩子，肯定会问为什么，可是这孩子不会问只是自己想。

我也渐渐地从孩子每天都只做同样的事的烦恼中解脱出来。先是考虑他是不是在看水纹，后来放弃了这个想法，像他母亲所说的那样，更深层次地去看孩子。他母亲还说，和这个孩子交往时有时会感到"哆嗦"。不过，当我对B一成不变的行为不再忧心忡忡时，B变得爱对我笑了。

在孩子没有变化时，也就是说，看上去我和孩子的关系停滞不前的时候，我下决心，即使把别的所有事情都放到一边，也要和这孩子认真地接触。这样的事我以前经历过很多次，这次我重新下定决心要和这孩子好好接触。

又一个早晨来临了。那天早晨，我见到B从厕所里出来。B开始在活动室里放置的平衡木上走过来走过去。冬天寒冷的早上，这个孩子的袜子湿了，他妈妈想给他换袜子，可是B不肯。于是妈妈给他套上外衣，让他暖和一点儿。B在平衡木上走来走去，我有时用手扶扶他，有时和他一起走。走着走着，他把衣服、鞋子全部脱掉，光着身子，笑嘻嘻地去跳蹦床。然后，光着身子在活动室的运动器械上爬上爬下，跑来跑去,玩了半天。可以说这是这个孩子游戏的第一天。

现象

以那几天为分界线,那几天之前和之后 B 是有变化的。扔石头和土块变成了扔球;B 也不再一个人待在厕所里,玩让成人感到为难的撕卫生纸的游戏,而是在大家中间跑来跑去地玩。B 的行动变得比较符合社会常规了。"B 出现了好的变化",这是基于成人立场的外部视点。

教师在实践中发现的变化不光是外部行动的变化,也有孩子自身内部的变化。因此会给教师留下孩子成长了的印象。

在行动中孩子有自身的变化。B 自己放弃了撕卫生纸的游戏而选择了别的游戏。更进一步说,他不再是束缚在卫生纸和石头游戏上,而是把自己解放了出来,成为了自我选择的主体。这是从个体内部成长的视点所看到的。

也是在这个时候,到我家来玩的 3 岁的 S,她把剪刀刃向两边张开想要剪纸。这个孩子一周前用剪刀剪过纸,这一天她看上去像是忘了怎么用剪刀。我帮她把拇指和食指放进剪刀把里,S 很费力地剪起来。为了让她剪得容易些,我按住纸。可是她把我的手推开,要自己剪。即使剪得不好,她也集中精力一点一点地剪,最后终于剪好了。在这个场景中,成长的观点并不是仅看外部行动,即只看她是否用剪刀剪开了纸,甚至只看她能否沿着轮廓剪。站在孩子的立场上,是看到她即使剪得不好,但也能自己去剪,集中精力去尝试,这才是成长的观点。

几年来,6 岁的 A 喜欢在自己习惯了的同一个教室里玩。A 在这个教室里爬来爬去,还开始站起来走。如果想要带她去院子或别的教室,她会喊叫起来表示不愿意。尽管如此,作为班主任,考虑到扩大她的活动空间会有助于她成长,我们还是商量好哪天带她去一次别的教室。可惜这样的想法没能实现。因为 A 总是很满足地在她熟悉的教室里玩,只要她自己不想离开某个空间,我们是不能勉强把她带出去的,因为那样做不能开阔她的世界。只有当她开始注意外界的时候,即使她不出那个教室,也可以说她的世界开阔了。

外部观察到的成长

认为孩子的行动变得越来越接近社会常规的时候,是从社会常规这个角度,从外部观察孩子而得出的结论。在一条直线上排列同样种类的行动,观察从低级阶段到高级阶段的变化,也是从外部的观点观察成长。像这样决定了特定角度和标准的外部观察可以成为有趣的研究对象,但是和教育实践却未必是匹配的。只从外部观察,成人只是一个旁观者,这样会与教育实践脱离开来。

个人内部成长的视点

不要只被外部的变化所吸引,当留意到孩子的这些外在行为时,要想到孩子自身内部有了变化。不能只看到孩子不玩卫生纸了,要看到这是孩子自己放弃了卫生纸而选择了球来玩,要知道这是孩子获得了选择自由的内部变化。孩子不是受某种东西的束缚和支配,而是自己成为支配外界的主体。这才是个人内部成长的视点。

在保育关系中看成长

在教育实践中观察孩子,是在观察某个情景中的孩子。但是有时候,观察会和过去的记忆,即与这孩子过去接触时的记忆相重合。当想到以前孩子是那样的,现在却有了这样的变化时,观察者意识到的也许只是一个侧面。而同时保存在记忆中的,其实还有包括教师自己在内的整体印象,只不过是在半无意识状态中罢了。当教师惊讶自己能有这样的记忆的时候,也就是拥有了观察孩子自身内部成长的眼光。

　　在保育关系中,通过具体的事件,教师自身对孩子的理解在不断更新。

　　应该持续不断地加以培养的,在保育关系中密切关注的,绝不只是孩子行为层面的发展,而是是否培养了孩子自愿、自主、自发的自我意识,这才是保育者应该特别关心的问题。如果孩子的自我意识没有得到培养,即使某种能力得到了发展,保育者也不应感到满足。

个人内在的发展与社会

　　孩子能够根据自己的意愿自由地选择,自己主动地去做什么的时候,那个孩子是充满自信的,即使他还是一个小孩子,他也有了一个成熟成人的气质。在不同时期的世界里,有属于那个时期的成熟和拓展未来的小小的核心。如果是成人的世界,会用自由、勇气、忍耐等词语来表达,这些是存在于人内部的品质,也是在营造社会时非常有价值的东西。在内部拥有这些特质的人才能促使社会发展。个人自我意识的成长在这一点上和社会是相关联的。

　　离我们最近的社会可以说是学校和教育现场。当个人的自我意识得到培养,孩子们可以自己玩的时候,这个社会就会成为积极的有活力的社会。反过来,这个积极的社会环境又更进一步地强化个人内部的成长。在教育现场这个小世界里发生的事情联系着周围的大社会。

　　A还是不肯从自己熟悉的教室里走出来,但是从外边进来的成人会对A笑,和她说话,和她玩一会儿。在这样的过程中,虽然她还是呆在教室里,但是在A的内部对外界的关心在一点点地被培养起来。

　　B被卫生纸游戏束缚、只注意卫生纸游戏的时候,教师已经觉察到其中的孩子的世界,如被便器吸走的流水的声音,一片片扔卫生纸时身体的感觉等等。B和教师一起每天确认着这些感觉。当时看上去,孩子和教师在同一个情景里没有发生什么关系,各自是孤立存在的。不可思议的是,在这样的积累中,孩子自己解放了自己,自己开始选择游戏。这样,孩子和教师都被带入到共有环境的活力中。在共有的环境里,也常见到个体孤立活动的情况存在。在共同生活的社会里,要面对不会自己玩的孩子,自我被束缚的孩子和自我意识薄弱的孩子。这就催生了教育,教师要用心去关怀他们。但是,这不是为了让这些孩子加入到我们当中而对其施加外部压力,而是要让自我意识薄弱的孩子发现自我。我们是要保护共有教育机能的人类共同体。

有的观点未能洞察出眼前事物的意义。

时间过得真慢啊,

其实我想和别的孩子更多地交往。

和这个孩子在一起,

我身体疲惫,别无他法。

真想快点脱身,

担心着对面的孩子。

——摘自当时的日记

♥　♥　♥

二
拥有和失去——从"有"到"无"

孩子的行为是有其意义的,我反复地陈述了这一观点。如果问意义对谁而言,首先是对孩子自身的意义。我们很难了解孩子对于这些意义能够认识到多少,但是,如果孩子没有认识到这些意义,就不会那样热心地行动了。当成人认识到这一点时,孩子的行为对成人而言也开始有意义。

在教育过程中,不论怎么讲,成人对孩子的行为是关心的。更进一步地说是理解孩子的视点的。成人之所以能透彻地理解孩子的视点,是因为成人有和孩子共通的思想。初看上去没有意义的孩子的行为,当成人从中发现意义的时候,孩子就有了理解者,他们就可以更好地发展自己的行为。

成人生存所必需的自我意识的力量,是从孩提时代开始,通过一点一点的经验积累而成的。孩提时代的经验在成长过程中会因为遇到新情况而重新被确认,重新更改,直到现在。这样一想,孩子行为的意义是作为一个成长着的人的意义。成人通过孩子的行为所发现的意义,不是单方面地从孩子或者从成人的角度而言的,而是对两方面而言的,这正是人为了形成文化而作出的一种不懈的努力,不断地重新追问的精神。

让水流走

从这样的观点出发,我想在这里思考一下从孩子行为中所看到的与人类文化相联系的意义。

在九月的一天,5 岁的 B 在水池那儿把水龙头开得很大,往一个洗菜盆里放水,等水装满的时候又哗地一下子把水倒掉,看着水从排水口流走。这个行为他重复了几十次。就我旁观所见,他的这一行为已经持续了一年以上,我意识到这是和他把卫生纸扔进便器里让水冲走一样的行为。在厕所里,B 的行为是按着便器旋钮加大水势,撕下卫生纸扔进去,然后一直看着水从便器排水口流下去,最后把头伸到排水口那儿看,把耳朵贴在地上听水流走的声音。之后,他站起来再重复按便器开关,撕下卫生纸再冲掉。这孩子几乎每天都要在厕所里待上一个多小时。

我看到他往洗菜盆里注水的时候,他的目的只是想洗餐具,而并没有意识到伴随着这一行为的感觉。孩子重复这一行为不是为了什么实用的目的,而是这一行为本身对孩子具有意义。在这里,成人得把和孩子接触时的功利目的丢开,不带任何目的地全盘接受孩子所做的事。只有这样,孩子心中所想才能够传递过来。当我们重新回想当时发生了什么的时候,才会一点点地发现行为的意义。

在这里我们对比一下用洗菜盆倒水的行为和冲卫生纸的行为。

用洗菜盆倒水的行为是:

1. 把水龙头开得很大,把盆装满水。

2. 用手拍水。

3. 把盆里的水倒掉,一直看着水从排水口流走。打开水池下面的柜子,把耳朵贴到排水管上听。

4. 重复以上行为。

在厕所冲卫生纸的行为是：

1. 把便器的开关旋到底，大量放水。在便器里水形成漩涡。

2. 撕卫生纸扔到便器的水里。

3. 一直看卫生纸和水一起从排水口流走。把耳朵贴在水管或者地上听远去的水声。

4. 重复以上行为。

两个行为都是从大量放水开始的。可以明白这个行为是在给 B 注入能量。把卫生纸扔进水里，或者用手拍水，并不只是观赏水流走的样子，水和自己是有关系的。看着盆里满满的水流走，用耳朵听。

体验"失去"和感觉的重复

容器或便器里积满的水通过排水口流走。水流到了什么地方，直到听不到水声为止，孩子一直在听。

当我思考这个行为的时候，马上想到，这个孩子上幼儿园的时候有过离开母亲的经历。B 在到我校之前，在上幼儿园时据说也离不开母亲，一整天都在哭，直到放学回家。这个在厕所里放水的行为，如果站在孩子的视点去看的话，他是在体验"失去身边的东西"并重复那种"失去"的感觉。

当我认识到这一点时，觉得这孩子的行为是令人同情的。

如果没有旁边的成人时常提醒他自身的存在，他的自我意识会不知道跑到什么地方去了。这样一个自我意识淡薄的孩子，被他当作身体一部分的母亲的离去，可以说会招致他精神的崩溃。感觉到这一点的母亲退掉了那家幼儿园，不久让他上了我们这所特殊教育学校。在一年多的时间里，B 的母亲都不能从 B 的身边离开，这孩子拉住母亲的手不放。B 好像在通过冲走卫生纸的事告诉我们，他的母亲在黑暗的排水口的另一方消失了。只要 B 没有解开"失去的体验是什么"这个自身的疑问,他就会反复重复这个行为。

我很长时间里都不了解这一每天重复的游戏的意义,在这个孩子用水冲卫生纸的时候,我和他妈妈待在他旁边。这和"失去"相反,孩子能确认到成人没有离开他,有了这样的安心感,B重复着这个"失去"的游戏。

有一次,我觉得差不多可以让他妈妈离开了,就让他妈妈先出去一下。B发现妈妈不见了,大哭着走来走去,姿势也变得和平常不一样了。我马上请他妈妈再回来陪着。从那以后,又过去一年多了。现在,B早上能够和妈妈挥手道别了。当妈妈挥手离去时,B还在确认着眼前妈妈的身影。

失而复得

最近,B重复着一个游戏:爬到高处,让人把球扔给他,他再把球扔下去,别人再扔回给他。这是失去了一次的东西再回到手里的游戏。我马上意识到这对B有着特殊的意义。这个孩子已经意识到,即使母亲离去,也会再来接他的。

他还喜欢看其他孩子的妈妈从校门口离去的样子。妈妈们的行为是一个走后还会再来的行为。

发现行为意义的意义

也许一开始我们的认识是模糊的,但是像这样通过洗菜盆倒水和冲卫生纸的行为对比,我们可以明确地认识到B的这些游戏是在表现他的"失去经历"。这时候,我和B之间有了质的变化。即使他多次重复同样的行为,我也不再觉得时间漫长了,反而觉得反复确认自己感觉的孩子令人同情。这时孩子脸上让我看到了平时看不到的笑容,他一定是在想自己终于被理解了。

　　当孩子心里长时间存在的疑问被解开的时候,孩子会做什么呢?我开始考虑这个问题。有一天,B把身子埋在沙发里很舒服地躺了很长时间。以前在去别的教室时,他只是跑来跑去。现在,他会去拿别的孩子衣柜里的东西、会去碰他路过碰见的玩具,这个孩子的世界扩大了。成人也是一样,在心中疑问解决以后,在过渡到下一件事之前,会有一个无为的过渡期。B开始脱离放水的游戏,慢慢向新的活动发展。

在成长中思考

　　在幼儿期的早期阶段,孩子的存在感尚未确立的时期,如果孩子经历了失去母亲——孩子生活的基础,那么,修复孩子的创伤需要孩子本人和周围的成人付出巨大的努力。B就是这样,在很早的时期就开始探究"失去"意味着什么。如果疑问一直不能解决,人就不会成长。

　　在能力和知识的增长期,通过获得新的事物,人会感到自身的强大,增强自我意识。当然,失去的经历也会交织在其中。在某种程度上已经形成自我意识的人,会自己发现获得和失去的意义。在遇到挫折和在命运中失去什么的时候,不只是悲观地思考"失去",而会想到这是打开不可预料的另一面的契机。

　　人到中年能够抚育孩子成长的时候,要对孩子提供很多帮助以让他们学会自己玩。但是,一旦孩子开始一个人独立玩的时候就不必再去干涉(不要把孩子当成自己的所有物来占有),要学会放手。保育者要认识到,孩子是不同于自己的他人,为了让孩子形成独立的自我,成人要抑制自身的某些东西。在孩子的成长期中,由于有机会可以反复思考获得和失去的意义,从而使成人的抑制成为可能。

　　进入老年期后,人会发现"失去"比"获得"具有更积极的意义。人由于失去附属品,本来的个性会变得清晰明了。如果那时候还一味留恋附属品,则由于失去而展开的自我的新的一面将不会被发现。

获得和失去，是人一生中要重复面对的经历，人每一次都会重新思考，加深对它们的理解。

手中之物

孩子们来校时，手里常常拿着一些东西。把东西一直捏在手里，是因为孩子觉得自己和那个东西有关系。有的孩子长时间都拿一样的东西来，如果玩的时候将它忘在某处了，回家时找不到就会大吵大闹。

B 每天早上从家来学校时，手里都拿着玩具小公交车和小电车。有一个时期，他会成天拿着这些东西。即使在厕所里玩冲卫生纸游戏的时候，也一只手一直拿着。玩得入迷时，他会把它们放到架子上，而离开时决不会忘记拿走。看上去他手里拿着玩具会给他的行动带来不便，所以他妈妈曾经试着把玩具车拿走。可是，一拿走，B 就会跺脚，还大喊大叫要自己拿。看到这种情况，我明白了孩子手里拿的东西是孩子的依托，我会让他一直拿着，直到他自己不想拿为止。以前，也有过手里拿着绳子、拿着小球不放的孩子。当他们不再拿这些东西的时候，我开始认识到这些东西对孩子的内心生活是十分重要的。我也毫不怀疑地认为 B 的情况也是如此。

有一次，我和 B 一起外出。他径直朝电车的检票口走去，很长时间在站台上看电车开来开去。一辆电车发车以后，过了一会儿，对面的站台上又有一辆电车开过来，然后再开走。他不厌其烦地看电车来来去去。在看的过程中，他发现一辆车开走后一辆还会再开来。这里也同样存在失去后再获得的问题。B 这样一直看了两个小时的电车，是在思考这个问题。这个孩子总是两只手拿着玩具小公交车和电车来学校，他是在不断地思考着这个问题。如前所述，如果我的推论没错的话，这孩子通过失去母亲的经历，在找寻"消失过一次的母亲会不会再次出现"这个疑问的答案。这个疑问表现在让卫生纸消失在下水口里并确认卫生纸流到哪里的游戏中。发现这些游戏的意义是展开 B 的生活所必不可少的,对这个孩子有特殊的意义。即使是相同的行为,对不同的孩子也会有不同的意义。

个人的意义和普遍的意义

九月末的一个早上,B 像平时一样手里拿着玩具公交车和电车来校了,在水池那儿反复往盆里注水再倒掉。他妈妈和我在一旁看着,她突然说:"我想过了。"我问:"你想过什么?"她说:"这孩子冲卫生纸,是在循环。看电车也是一样,虽然每次来的电车不一样,但是'来'这个动作是一样的。"我很惊讶 B 的母亲能这样说。不光是我,连他母亲也觉得惊讶。

他母亲也意识到,在这个游戏中,孩子有失去的东西能不能复得的疑问。而且,他母亲把这个行为扩展到循环这个普遍认识上。

在思考一个"行为"的意义时,深入到行为者的生活内部,一边发展那个孩子的生活,一边发现什么是生活的动力,这是教育学的方法。在这个过程中,找出一个行为,试想这个行为别人也有可能去做,这个别人也包括自己,来尝试探究行为的意义。这时,这个行为对一个特定孩子的意义就扩展到别人身上,变成了普遍意义。教育学的思考是包括这两者在内的。

当这位母亲说到"循环"的时候,意指像排泄物回归大地,滋养的作物变成物体再被排泄一样,是指失去的东西会以不同的形式再回复这一自然循环模式。这个孩子通过这些行为,也在认知着循环这个普遍认识。在我思考孩子行为的同时,他母亲也在考虑这个问题,而且 B 自己也在考虑这个问题。一个行为既有个人的意义,也有普遍的意义。

两个月后的现在,B 的手里不再拿着玩具公交车和电车了。当他认识到拿着它们的意义时,他自发地不再拿它们了。但是,睡觉的时候,他会在被子里放满玩具公交车和电车。

当孩子对拿着的东西放手的时候,B 开始对外界产生兴趣了。他开始和各种各样的人玩。以前,他一天中一定要出去看一次电车或公交车,现在却可以整天在学校里度过,自己找游戏玩。对教师来说,原来要花极大的精力来照顾他,现在已经不用再为他担心了。

这个孩子变得可以按照自己的意愿生活了。

获得——占有——失去——拥有

获得虽然会拓宽自身的领域,但是也伴随着困难和努力。一旦获得东西,就会"占有"它,要放手失去它是需要新的努力的。自己获得的东西在放手时可以自己做主,放起手来比较容易。但是,若不是自己获得的,是命运中占有的东西,就很难放手。要失去它必须要发现自己"拥有"它。对孩子来说,母亲从一开始就是自己的一部分,能够离开母亲需要很长的过程。

成人以后,人在各个时期都要面对失去自己理所当然的"占有物"的危机。那一时期,将由于"失去"而得到发现本我的机会。也就是说,那是从"占有"向"拥有"转化的时期。

在青年期,人会体验到通过获得而使自身强大的热情与喜悦。在成人期,为了他人利益去获取去战斗,之后,人会因为慢慢地失去某些东西而了解到"拥有"的喜悦。"拥有"不是成人以后才知道的,实际上在幼年期就体验过。在不会抓握东西的婴儿期,孩子和周围的人一起和平生活,从中感受自己存在的快乐。在幼儿期,孩子从必须要坚持什么目标的矛盾中解放出来,学会独自游戏了。也就是说,从"占有"中解放出来,开始体验自己"拥有"了。在人的一生中,人会获得、占有、失去很多东西,然后再回到活好现在,即回到"拥有"。在"占有"的价值被过分重视的文化中,人想要成长是困难的。

占有和被占有

一个孩子重复放手的行为,发现"失去"的意义时,他会把自己从被禁锢中解放出来。通过这个发现,我得到了思考"占有"关系的机会。

当人坚持"占有"某个东西,不能放手的时候,反过来说,是人被某个东西所有或"占有"着。日语中的"憑かれる"一词,相当于英文的"be possessed",有被占有的意思。古代人认为被某种观念所禁锢,就是被那个观念所有(占有)。物、人、观念、知识、财产、地位、权利等等,无论什么,本来是自己在把持着它们,在把持了很长时间后,变成自己被那些东西把持着,而自己却意识不到。

要意识到这一点,需要让我们认为很重要的东西被外力夺去一次。外在上是失去了,但是在内心上却不能放手,会更加放不下,成为东西的俘房。在老年期会常常看到这样的现象。这和幼年期以来的人生经验是相关联的。在根本上,有对他人和自己之间关系的"占有—被占有"模式的认识。

如果只考虑"占有—被占有"模式,是不能认识到真正的关系的。

从"占有"的关系到"拥有"的关系

在坚持或迷恋某件事的时候,主体的自我会和某件事成为难于区分的一体。从孩子到成人,人会多次陷入这样的状况。当人发现可以从这样的状况中脱离出来的自我时,人和他人之间就确立了"拥有"的关系。

在母亲和孩子的关系上,最初母亲觉得孩子是自己的一部分,孩子也会觉得自己是母亲一部分时,母亲和孩子看上去是在"占有"和"被占有"的关系中成长。但是,不知何时,聪明的母亲意识到孩子并不是作为自己的所有物而存在的。孩子会想自己做些什么,他有和母亲不同的感受、想法,而且有自己独立的人生。母亲和孩子的关系不是"占有—被占有",而是相互独立的人,母亲会了解这种"拥有"的关系。如果孩子和成人相互之间不能认清这个关系,那么即使孩子长大成人,也会禁锢于母亲、父亲或其观念里,不能作为一个独立的人而自由地生活。

在教育现场也是如此。在某个时期,成人不能从孩子身上转移目光,孩子也离不开成人,在一段时间里是"占有—被占有"的关系。但是,成人不能一直对孩子目不转睛,这样孩子是不能成长的。对于保育者和孩子来说,冒险都是必要的。

不仅是保育者和孩子的关系,单位中的人际关系或者单位与个人的关系也是一样的。上司和部下、先来的和后来的、单位和个人,即使在"占有"和"被占有"的关系中,有一段时期会得到成长,但这样的关系持续时间过长,就会损害独立人格的成长。

在家庭、学校、工作单位里,他人有其独立的人生,他人的存在都是受到尊重、敬畏的。自我本身也有需要敬畏的东西。他人和自己之间有不可逾越的鸿沟。作为这样的彼此,人和人之间确立"拥有"的关系。

基于这种关系,人和人共享时间和空间,共同愉快地生活。在某段时间里,分享共同的生活。那时,人与人的关系得到发展,在这样的关系中人才称之为人。

从"拥有"的关系到"融入"的关系

"拥有"的关系是人与人关系的基础。无论多么幼小或者有残障的人,都不是任何他人或组织的所有物,而是有独立生活尊严的人。我们不能忘记这一点。

在现实生活中,从"拥有"关系出发去展开具体的生活。

在教育现场,成人和孩子相遇、交往、形成富有活力的现在的生活、进行一次又一次的反思。在这样的一天中,孩子获得了自己做事的体验,成人也实实在在地感受了和孩子一起的生活。在这个关系中孩子开始游戏,教师作为协助他们的人而成熟起来。不仅是个人的成长,人与人的关系也得到发展并成熟。这就是"融入"的关系。

"拥有"的关系是严肃的。

"融入"的关系有亲切感。

在"融入"的关系中,以他人之乐为乐。但是作为基础的"拥有"关系是不能欠缺的,否则在形成"融入"关系之前,会滑落到"占有—被占有"的关系中去。

成为成人

在"融入"的关系中孩子成为成人。

成为成人,不光是能力的增长,也不是可以按照社会规范去生活,更不是达到了某一水准就可以给予成人的资格。

成为成人,意即可以更进一步地作为人而成长。成人也只是处在人生的成长途中而已。孩子成为成人并不是一个终点。孩子、成人,甚至到了老年,都同样是处在人生的某一成长过程中。

孩子成为成人意味着什么?我们以此作为下面的论题。

早上,来到学校时,我和孩子们、成人们处在"拥有"的关系中,我想营造"融入"的关系。在今天的一天中,我希望孩子能有成就感,和我之间能有人性化的体验。

一天结束时,孩子们都玩得很好。当他们在交往中被作为一个完整的人的时候,我感到很高兴。很多保育者在开始教育工作后都会感到身心疲惫,但是他们往往又在教育现场被治愈,这是因为保育者通过教育行为,体验了和孩子之间的"融入"关系,并理解了这种关系的本质。

第三学期的一天

第三学期的一天，我很高兴地看到很多孩子自己在玩。也有的孩子一边玩一边看我。有个孩子来拉我的手，我和他玩了一会儿以后，他就开始自己玩。如果一一列举，都是一些微不足道的小事，但是对一个每天和孩子生活在一起的人来说，这些小事堆积在一起足以让人惊讶。每一个孩子都在主动地想做什么事。

在后院老师点燃的火堆处，有一个拼命往火堆里添落叶的孩子。这个孩子在过去一段很长的时间里，每天都想去学校外面，都要一个老师陪他去外面散步。有一个孩子正在摇晃着绳梯，有一个孩子正在把老师拉到教员办公室，挤出很多糨糊来玩，有一个孩子满脸通红地在抢夺水管子，还有以前不爱动的孩子，以前总是用水冲卫生纸玩的孩子，现在都能用手做成小土球扔到栏杆外面玩很长时间。这样的例子不胜枚举。

满足地游戏，这就是处在自我实现、真正地发现自我的途中。人在执著于某件事的时候，虽然在摸索，但是还没发现自己到底想要得到什么。这时的孩子需要成人帮他一起寻找答案。孩子通过成人的帮助找到突破口，开始前进的时候，也就是他开始自己游戏的时候。找寻真正自我的人生旅途，从幼儿期开始，并持续一生。

如果说到真正的自我，就会产生是否存在假定的自我或伪装的自我的疑问。这不仅仅是用词上的问题。每个人都会有这样的体验，自己不愿意却不得不做某件事。为了维护某种体制而做事的时候，人并没有走自己的路。即使表面上看起来和人相处融洽，其实自己的心并没有在那里。孩子们也一样，不是假定的生活，而是想让他们作为自己真实地生活。人面对的情况是在不断变化的，在新的情景中重新发现自己的旅程是不会结束的。

寻求真正的关系

发现真正的自我，不只是在个人的成长中，也在人与人的关系的建立中。人总是在寻求真正的关系，发展对方和自己互相帮助的关系，发展能让对方和自己彼此都发现各自真正自我的关系。从建立"占有"的关系到"拥有"的关系，再到"融入"的关系也是一个课题。

孩子和成人的关系，最初成人对孩子主要是保护的一面。有一个时期必须注意不能让孩子去危险的地方。孩子也许觉得自己受到成人的监视，在成人的势力范围内活动。这是迫不得已的时期。即使在这样的时期，我认为也要尽力营造"拥有"的关系。尊重孩子自己选择地方，尊重孩子开始做的事，在和孩子接触的时候要敬重孩子内心存在的未知世界。

当B用手做成小土球往栏杆外扔的时候，因为小土球里夹有石头，我首先是担心会不会打到玻璃，我的眼睛变成了监视的眼睛。而当我在B的旁边坐下，我们之间的空气就缓和了。当我也用土做成小土球递给他的时候，他看我的眼神就变得十分友好。由于我的用心，我们之间的关系在一瞬间有了改变。接着我注意到，B之所以喜欢扔小土球，是因为他喜欢小土球打击到金属防护网上发出的声音。于是我为他找来了能够发出好听声音的东西。扔小土球是发现"得到和失去"意义的B的一个行为。之后，B毫无危险性地和我一起玩了半个小时。自己发现意义，孩子通过这样的经验积累得到成长。通过和孩子一起体验这些经验，成人自身也会变强，对人生会有更进一步的了解。

"占有"、"共有"之后"融入"

N来拉我的手，带我去有自行车的地方。N坐在车座上，让我坐在后架上,再让我往前推车,这样像是他在骑车一样。当我们绕了活动厅一圈时,K来了。他坐在我和N之间,说:"好重,好重。"K并不是感觉到重,只是这样说好玩而已。我带着两个孩子骑车的确很重。

下午N开始一个人骑带辅助轮的自行车。他费了很大的力气,但是自行车却不前进,最后我推他在院子里骑了好几圈。

N现在是小学部二年级的学生了。从升入二年级开始,他就会自己去找东西玩了。一年级时,N差不多一年都是在玩秋千,让男老师陪在他旁边。在那一年中,N的行为让人禁不住想,这样的游戏会持续到什么时候啊。N离不开成人,他在寻求"占有"成人的关系,成人对于N来说是"被占有"的。从保育者的角度来看,这个孩子强烈地寻求这种关系,一定有着某种意义,我有意识地准备面对这孩子内心的问题。失去了父亲的N在心里有着对男性成人未解决的精神问题,这并不奇怪。我在"被占有"的关系中,着力营造"融入"的关系。

N两年前在幼儿部的一个时期中,每天什么也不做,只是躺在我的膝上,我坐在校长办公室的沙发上。为了让这个孩子信任我,我就一直陪着他。当我的精神慢慢地轻松起来的时候,这个孩子也逐渐开始自己活动了。有一天,他把新油笔垂直排列在桌子上,然后好像要开始玩什么,拉着我的手来到活动厅。那天他玩了三样游戏:荡秋千、跳蹦床和骑自行车。最后拉了大量的大便结束了那一天。那个时期,这孩子一天要大便很多次,不能一次性排净。他在精神上没有完全释放过自己。在那三样游戏中,荡秋千游戏在那以后持续了一年以上,另外两样游戏却在很长时间内都没有再玩。上述的那一天N的行为让人感到很是偶然。过了一年多以后,有一段时间他会和成人一起玩很长时间的蹦床。我陪他一起跳蹦床,我的膝盖都有些受不了了。只是在最近他才又开始骑有辅助轮的自行车。

最初 N 自己主动去玩的三样游戏,现在终于可以看到经过了漫长的时间又重新再现了。就这样,N 会自己玩了。我和 N 的关系也经历了从"占有"、"共有"到"融入"的变化。

成人也会通过教育工作提高自我

我因为前一天发生的很多事情心情不好,但是一置身于孩子们中间就好起来了。这不仅是我,也是其他许多保育者共同的体验。这是因为,我们同孩子们的关系中,有了从"拥有"向"融入"发展的体验。

冬天里较温暖的一天,N 把被子拿到能够晒到太阳的院子里睡下了。他睡在一个很碍事的地方,我差点儿踩到被子。这时我发现,N 的眼睛在看着蓝天。

一瞬间我想起了我的少年时代。风筝飞在蓝天上,线断了,风筝越飞越远,小得看不见了。穿过榉树的树梢仰视天空,老鹰伸开翅膀滑过天空。天空和少年的记忆是不能分割的。

成为成人后的很长时间里,我没有了仰视天空的余暇,只看到地上的纷纷扰扰。有一天,当我走着走着,做了一次深呼吸仰视天空的时候,唤醒了我少年时代的记忆。从那时起我常常仰视天空做做深呼吸。仰视天空的那一刻,成人仿佛变成了少年。

和孩子交往的时候,以某件事为契机,成人会回归到儿童时代。如此与孩子共鸣,从而重新认识今天的前进方向,这难道不是作为保育者特有的权利吗?

♥ ♥ ♥

三

围绕"眼镜"的观察与思考

有个孩子常常早上一来学校,就从我的桌上拿起眼镜,让一个年轻的男老师戴上后和他一起玩。这孩子的父亲就是戴眼镜的,可是他在去年秋天去世了。

那一天,因为我十二点以后必须外出,我让年轻的男老师把眼镜还给了我,但是那个孩子不愿意。他到已经做好外出准备的我这里来要眼镜。我需要这副眼镜,于是就给了孩子一副别的老师的眼镜。那是一副银色边框的眼镜,我的边框是黑色的,镜片形状也不同。那个孩子一看换成别的眼镜了,说什么也不行,少见地大喊起来。

这时候,一个教师对我说:"您不是非得戴眼镜才能讲课吧。"这句话让我决定把我的眼镜递给那个孩子,我想这样很好。

这一天,我有很多充分的理由可以让那个孩子把眼镜还给我,即使孩子不愿意,我要回眼镜谁也不会说什么,但这样做会造成孩子对我的不信任感。这一点在我和孩子之间起了决定性作用。我一边走,一边回忆起这样的情况以前有过很多次。是什么时候发生的事情呢?

这个孩子刚刚两三岁的时候,由于他的任性,多次让人很为难。从成人的角度来看,让孩子服从的理由有很多,但那样做的话,和孩子之间的关系就会变得很僵。因此我不会去勉强孩子,而是去寻找其他的解决办法。也许从旁观者的角度来看,这样做像是在溺爱孩子。我自己也不是没有不安,担心这样做会对将来造成不良影响。但是,过了20年以后的现在,以前担心的情况也没发生。在每一个时刻都和孩子互相信赖,互相理解,这样的做法是对的。

那以后,无论是在幼儿园,还是在特殊教育学校,我遇到过多次相似的情况。每到那种时候,在周围人的帮助下,我都重新调整心态,把信赖孩子放到第一位。事后我想,孩子无论如何想要做的事一定有他的理由。那个时候,出于成人立场的冠冕堂皇的理由,或来自他人的批评,或没有根据的对将来的不安,都会忽视对于孩子来说存在的内部意义。

我们回到眼镜的话题上来吧。

孩子想要黑边框的眼镜,也许是因为像他父亲的眼镜。也许一开始是出于这个理由,但是后来却是因为那是我的眼镜。几个月以前,他让我戴上眼镜,一起在校长室的沙发上悠闲地度过了很多日子。那以后,他才让年轻的男老师戴上我的眼镜跟他玩。我们可以在游戏里看到他父亲的影子,在这个影子上重叠着我的存在,也许这样他才对学校有安全感。这样一想,这个孩子坚持要我的眼镜时,实际上是想让我的眼镜一直陪在他的旁边。这样看来,对我来说是一件光荣的事情。也许我的想法是错误的,但是无论有什么理由,优先维护孩子对我的信赖感是不会错的。

与贝特尔海姆的对话:有关眼镜

布鲁诺·贝特尔海姆(B. Bettelheim)在他的著述《心灵之家》(*A Home For The Heart*,1974)中,有一段和实习老师之间的有关眼镜的对话。

苏菲(实习老师):"上星期,阿伊达来的时候说:'你戴了一副新眼镜,可我的眼镜不是新的。'"

贝特尔海姆:"既然她这么说了,你一定戴了一副新眼镜吧。"

苏菲:"我说:'阿伊达,我没有戴新眼镜,我只是因为休假,有一段时间没来这里。'听了我的话,阿伊达对我笑笑,走开了……我觉得这个孩子是想和休假回来的人交流一下。"

贝特尔海姆:"我一直在说孩子说的话总是正确的。孩子说的话做的事是有他的理由的,他们也知道我们并不能理解那些理由……"贝特尔海姆强调了把视线投向孩子的内在理由的必要性。

当阿伊达对实习老师苏菲说"你戴了一副新眼镜"时,如果能够理解这个孩子是毫不隐瞒地表明其内心的变化的话,事态是会向不同方向发展的。可是,苏菲却说:"不,阿伊达,我没有戴新眼镜。"这就否定了阿伊达说的话的内部意义。而且,苏菲的想法只停留在阿伊达特意来和她说话,是想和休假回来的人交流一下的常识性解释上。

我想,这个实习老师并没有和阿伊达有过深入的接触。但是,作为一个一直和阿伊达一起生活的教师,贝特尔海姆追加了这样的分析——他说阿伊达渐渐产生了内部的变化,现在所有的眼镜在阿伊达看起来都有了不同。

以前,阿伊达看到有人戴眼镜,就会扑上去抢下来,并把眼镜弄坏。阿伊达的母亲有高度近视,阿伊达在母亲暴怒的时候,为了让母亲看不见自己,会把母亲的眼镜抢来弄坏。眼镜对阿伊达来说是代表危险魔力的东西,她也想拥有这样的魔力。但戴过几次眼镜她却没有得到新的力量,所以一副又一副地弄坏眼镜。贝特尔海姆学校的教职员们,很理解也很配合阿伊达要从眼镜的危险魔力中保护自己的努力。现在她已经不需要眼镜内在的力量。她对眼镜的态度变化了。现在所有的眼镜都变成了"这是一副新眼镜"。顺着这样的思路的话,当阿伊达说"你戴了一副新眼镜"这句话时,苏菲如果说:"噢,是吗?"阿伊达没准儿会说:"我已经不再怕眼镜了。"贝特尔海姆讲到,也许你对这样的回答十分困惑,但是你很快会明白这才是问题的核心。如果不能理解"新眼镜"这个词的内部意义,为了让他人明白自己的问题,孩子也许会做出更极端的行为。而且如果孩子觉得没有人能够理解自己,就会从自己接触的世界里脱离出来。

也就是说,人与人之间沟通的障碍,会造成孩子的问题,甚至使问题扩大化。

当孩子一定要我的眼镜的时候,我为什么没能马上给孩子。并不是说那一天离了眼镜就不行,而是我自己觉得离了不行。成人在自己的周围设了一张必须如何做的网,忽视了孩子真正的理由。成人在面对新的状况时要时时冲破这些网。

对于这个孩子来说,眼镜有着怎样的内部意义,我还不清楚。我不想解释成因为像她父亲的眼镜这样常识性的理由。这是今后一边和孩子建立起信赖关系,一边要思考下去的课题。

❤　❤　❤

四

围绕肥皂泡的对话——自我实现的虚和实

虽然知道把一天的教育工作像流水账一样报告给读者是不能引起读者兴趣的,但是在这里我还是要记述一下那一天的情况。

H、A 和 M 老师在一起吹肥皂泡玩。H 告诉 M 老师，她不喜欢别的孩子在她旁边吹肥皂泡。H 想抢走 A 手里的瓶子，结果把装满肥皂液的瓶子弄翻了，里面的液体全部洒了出来。

这时 N 来了，开始吹肥皂泡玩。大大小小的肥皂泡从房间里不断飞到院子里。他一边用两只手做着飞的动作，一边看着肥皂泡飘走，一直看到肥皂泡破灭。N 也会用自己的手把肥皂泡弄破。我正觉得他玩得很开心的时候，N 把容器里的肥皂液全部弄洒了。

之后，N 把颜料瓶拿来，让我给他打开，再把水龙头开得很大，把颜料全部冲走。带颜色的水从下水道慢慢旋转着流走。当我离开了一会儿又回到教室里的时候，N 正把塑料水袋放在地板上踩破，地上已经到处是水了。看着去年不太活动的 N 有了这样大的举动，我十分高兴，使劲地清扫地板。这个水袋是别的孩子在院子里灌了水，老师把袋口扎住做成的。

一直注意观察 N 一天的行动的我，觉得他现在的这个行为很有意思。但如果对这个孩子不了解，可能只是看到发生这个行动的事实而已。我之所以觉得很有意思，大概是因为我联想到 N 以前很少活动的原因吧。当然也不光是这一个理由。吃晚饭时，我对妻子讲到这件事，她马上说，按理不会就这么一个理由。的确如此！教育过程中的每一个情景都包含着它的意义，即使不了解过去的情况，也应当看到情景中所蕴含的意义。遗憾的是，保育者对情景中的意义常常视而不见。多年来我妻子一直对有关肥皂泡的情景进行思考，我们一起谈论着来自孩子的经验，一起思考着这天发生的事情。（津守房江《育心之旅》第一章七"肥皂泡的游戏"）

肥皂泡一吹就大。只需要吹气就可以把肥皂泡变大。只是吹气就可以体验看得见的自我实现感。

可以看着肥皂泡破灭。从肥皂泡的变大毁灭中可以感觉到生命的特性。

　　弄洒肥皂液——肥皂液弄洒了就不能吹泡了,所以成人会让孩子小心地不要弄洒肥皂液。成人鼓励孩子把泡泡吹得大些,再大些。但是,看过很多孩子吹以后,我发现,有的孩子拒绝体验让泡泡变大的那种自我实现感,所以故意弄洒肥皂液,让吹泡泡的游戏不能再进行。

　　当坐在 H 旁边的孩子开始吹泡泡的时候,H 不喜欢看到别的孩子把泡泡吹大。她不愿意旁边的孩子达到自我实现而自己当陪衬。而 N 好像是在挑战要让他继续吹泡泡的成人,故意把肥皂液全部弄洒。

　　颜料被水冲掉——成人用颜料来画画的希望会落空。当颜料不是被用来画画而是被水冲掉的时候,成人会不由自主地去制止。但是,有些孩子会反抗成人想让他们用颜料画画的想法。他们让颜料被水冲掉。不过,这些孩子被流走的彩色水的美丽漩涡所吸引,所迷住,他们发现了与画画所不同的美。

　　弄破水袋把周围弄得都是水——水袋是别的孩子在塑料袋里灌上水,像肥皂泡一样撑大的。N 用脚把水袋踩破,之后玩从袋子里流出的水。看上去什么也不做的 N,却做了让地板上都是水这件事。

　　这样一想,我们就会明白,在这一天教育工作的一环中,孩子们所做的事是有实在意义的。吹气让泡泡变大,体验自我实现的感觉;把肥皂液弄洒,拒绝成人对自己自我实现的期待,后者被称作虚的自我实现(《如何看待孩子的世界》第一章三"虚的自我实现")。这在成人的世界里也是一样的。成人在做着为社会创造具体财富的工作的同时,也在从事着无益于社会的活动。文学和思想就属于这一类。如果在人们聚集的地方无视这样的生命变因,即使对有些孩子是很好的环境,对另一些孩子来说也许是很不舒服的环境。

　　这一天的教育工作让我觉得有意思的是,其中包含了活生生的孩子世界的意义。当一个意义能够用语言表达的时候,那一天的教育工作不只是对保育者来说有意思,对谁来说都会有意思。孩子所做的事都是有一定意义的，当我们重新回到这个立场上来审视问题时，每天的教育工作中出现的现象哪怕只是一次，我们也能从中发现其普遍性。

♥　♥　♥

五
设身处地进行教育

教师在和一个孩子接触时，必须全面地注意现场的情况。比如说，当新生和特别需要照顾的孩子来校的时候，教师应先去接待他们，而暂时离开自己正在照顾的孩子。

但是，如果过于顾及整体状况，就会陷入难以抽身的看守式状态，教育工作也会变得非常窘迫。相反，不注意整体的情况，只关注个别孩子，教师又容易与其他孩子脱离关系。真正的教育工作需要在二者之间保持平衡。

和某个孩子相遇时，我们就有了和那个孩子从容共处的机会。如果珍惜那一机会，教师当时的努力就会成为日后活动的奠基。即使不能马上看到和那孩子一起开展活动的最后结果，但它的效果一定会在某时某地显现出来。

保育者根据长期以来积累的经验，有时也会放下别的孩子，单和一个孩子较长时间地连续接触。教育是长期的，是每天都在继续的，不只是根据某时的情况，也要考虑随时间变化的情况来进行判断。当遇到昨天没能仔细接触的孩子时，今天也许会比平时更亲密地与他接触。

在教育第一线,众多的人长期生活在一起,既要面对当天的情况,也要面对过去的情况。一个保育者,有时候这样做,有时候又有别的做法,需要根据当时的情况自我进行理解、判断和行动。

到底有些什么样的情况呢,也许说来有些繁杂,我们通过身边的一日活动来看看吧。

夏日的一天早上,在楼道里,我和在教室里跟班主任老师对着笑的R目光相遇了。R笑了笑,开始盯住我看。我也看着他笑了,我们就这样一直互相看着。R觉得这样很有意思,跑到楼道里,从我的腋下穿过,走了两三步停下来,又看着我笑。以前也有这样的情况,那时R好像不愿意从正面接近自己感兴趣的人似的,总从旁边通过。现在他是在正面对着我笑。在重复几次这个行为后,R终于扑进了我的怀里。当和其他老师去活动厅的时候,他还藏在门后,重复地和我做"脸儿脸儿不见了"的游戏。但是,R一看不到自己的班主任老师就会哭起来,即使我在和他玩。R和我这一天的接触只限于早上一段时间。这段时间里的亲密接触让我感到,我和他之间的关系是实实在在存在的。

C和妈妈从门外进来。在三月底以前,C还在我校幼儿部,从四月开始他就升入到小学部。C的妈妈好像很久没能和我说话已经按捺不住似的,在院子中央就开始对我讲C在学校的情况。另外好几个孩子也来上学,从我们旁边经过,我决定优先和这位难得见面的母亲继续谈话。

尽管如此,当B小跑着到教室里的时候,我还是不得不中断和C母亲的谈话。因为我看到B的班主任老师当时非常忙,无暇顾及B。跑到教室里的B想和我一起跳蹦床,而平时他来校后的第一件事是和班主任老师一起跳,一直要跳到他的心情平静之后才能再开始其他活动。和他一起跳蹦床时,我很高兴能感觉到孩子的心情变化。一眨眼的工夫,B又不知道跑到哪里去了。在转移地方时,这个孩子的动作是非常快的。我到处找他,发现他在二楼最边上的游戏室里,正开着电视、音响，一个人蹦跳着。我和他一起待了一会儿，一直到觉得他一人在那里没问题为止。这一天，学校院子里放置了塑料小泳池箱，孩子们在泳池周围玩得很热闹。B很喜欢泳池，但是在孩子很多的情况下他常常躲开。今天也是这样，他选择了最没有人的二楼顶头的游戏室。

我下到楼下的教室，C找到我，问"颜料在哪儿"。我把装有五种颜色的颜料盒拿给他。C在水池和桌子之间往返着运水并开始画画。他选了黑色，把过家家游戏用的塑料蔬菜和水果一个接一个地涂成黑色，C说这是"油炸"。我想，他这是在表现小学中尝试过的各种体验。我用抹布擦着洒在地板上的黑水和C的鞋底，觉得他的行为十分有趣。在幼儿部的时候，C有个时期总光着身子把颜料涂满全身。在旁观者看来C像在云上行走，他是通过颜料来确定自身存在感。长假以后回到学校的C，又兴致勃勃地玩起了颜料。C看上去是在他幼儿期自我形成的地方，寻求着自我安慰。如果能更长时间地继续接触这个孩子，我会思考得更多，也许能看到别的发展，但是当时的情况是不允许的。

在蹦床上一个实习老师很辛苦地和三个孩子玩。其中一个是还不会走路的婴儿。见此情况，我抱起那个孩子去院子里。

教师和很多的孩子生活在一起，教育工作是在这样的环境中进行的。当教师和一个孩子玩的时候，所有的人都会看在眼里。在某个场合，我和某一孩子亲密接触，但是根据情况，我也会把那个孩子委托给别人，再去和其他的孩子接触。不同的成人和孩子在不断变化的情况中互补，让教育现场更具活力。

我看见D在门口走来走去。这个孩子最近想和成人一起到外面去玩。他非出去不可的时候，如果不让他满足，D就难以释怀。常常和D接触的班主任Y老师注意到这一点，放下了其他孩子带D出去了。在外面，D可以不受其他孩子的干扰，和一个成人慢慢地交往。

快放学时，我遇到了在蹦床上的D。D让我数"一、二、三"，蹦得高高的。我尽量满足他的要求，D累得满身大汗，开心地笑了。这个孩子知道电车的系列编号，能提出"是圆的还是方的"这样让成人思考的问题，因此，对于D的问题知识性的回应就会比较多。其实像蹦蹦床这样体验尽情出汗的游戏，对他来说更为重要。

突然有人叫我，我离开了一两分钟，再回来时，D正扑在他母亲的怀里哭。原来他在蹦床上被绊住摔倒了，他自己说是"重大失败"。这孩子常常因为摔倒，和别人相撞，或是一点小的不如意就一蹶不振。年轻的实习老师鼓励他，拉着D和另一个孩子三个人一起再跳蹦床。这次蹦得很好，周围的人也一起喊着"成功了"，为他们鼓掌加油，大家热闹地笑了。这一天，D较快地振作起来。在跳蹦床之前，他和班主任Y老师一起在外面很悠闲地过了一段时间，情绪基本稳定。跳蹦床后由我负责，我一直和他一起待到放学。

快放学时，我听说D进了泳池。白天很多孩子在泳池玩，他也想玩，但是没能实现。可是在蹦床、外出等体验以后，在放学之前他终于可以去泳池了。我从早上起就注意这个孩子，可是没时间和他接触。别的老师看到D当时的情况而做出了判断，尽心地和D进行其他活动后，D进泳池的行为才能够实现。

有时候，一天的生活不能让孩子满足。如果觉察到了，就要在第二天加以弥补。

和一个孩子接触的瞬间，不但是处在教育现场整体的情景中，也是处在和那个孩子接触的全过程中，不能只根据在某一时段里第三者看到的某一片断来断章取义。也许这样的断章取义能够成为一般性的讨论材料，但是却脱离了当时的实际。

从保育者这方面来说，无视周围的情况，埋头只和一个孩子接触，和外部交流的渠道就会被关闭。教师可以和一个孩子比较充分地接触，但必须是在整体的环境中进行。相反只注意整体的情况，想要面面

俱到，就会变成单纯的管理，而做不到和任何一个孩子好好接触。再次
重申，真正的教育是处于这两者之间。如果没有对实际情况的考虑，理
念和理论都不具有什么意义。

> 公共场所是"对等"的个人通过相互性创造出新的可能
> 性的场所。"对等"的意思是可以互换身份生活。尽管孩
> 子和成人、男人和女人、老人和年轻人，无论是在力量上还是
> 在立场上都是不对等的，但是每个人都可以互换身份生活，以
> 创造各自的可能性为前提的对等相互性是存在的。
>
> ——摘自当时的日记

六
把状况作为一种表现来进行理解

般来说，教育现场是通过人与人之间的相互理解而展开
的。我发现，当发生什么情况时，包括我在内的教职员

的想法和应对方法，无论是在教职员之间还是在教师与家长之间，都会有不同的反映。

这种时候正是对平时不太在意的状况进行重新审视的好机会。在那种场合如果只是停留在追究责任的话，会扩大对立和自责的情绪，妨碍大家去理解状况的本质。

重新审视一下众多的人存在的教育现场吧，我们会看到，那里的每个人都在努力地形成自我。感受与自己不同的想法，是教师在成长过程中要努力学习的课题。我也一样，没有人敢说自己是绝对正确的。所以面对造成问题的某种状况，重要的是关注其中的每个人是怎么想的，去体会他人的感受。所以，可以把状况看作是一种表现，是在某个环境里，直接或间接地与我们接触的众多的人，形成自我的努力和过程交织在一起的一种表现。

只理解一个个的孩子的内心世界是不够的，还必须把众人制造出来的状况结合起来考虑。就像把孩子的行动理解为其内在世界的表现一样，如何把既成状况理解为一种表现，这是一个课题。

以外部观点思考某种状况的形成是很容易的，但是之所以把状况的形成视作人的行为，是因为我们和某种状况是有某种联系的。一种状况会与很多人有关，我也卷入其中，是既成状况中的一部分。当然，我并没有全部卷入其中，我既和状况有关，又能置身其外解决问题，能够决定如何面对状况。上述情况对于每个人来说都是一样的，只不过解决问题的方法见仁见智。

于是，由于各人的应对方法和解决方法不同，任何状况中都永远会有不断变化的因素。

最近，在我们特殊教育学校里有好几个孩子想到外面的公园和公路上去玩，围绕这个问题，教师之间展开了讨论。孩子外出时，即使有教职员陪同，也难免会有危险。几天前，学校附近还出过交通事故,当时我甚至产生过禁止孩子出校的想法。但是,从出生开始就一直生活在都市高楼住宅里的孩子,一天中完全不让他们外出几乎是不可能的。

鉴于此,学校的一名职工下决心采取弥补行动,在教室前的小院里安置了简易泳池,并且把泳池和体操台、滑梯连接起来,再用三根水管做成喷泉,建成了一个小小的水上乐园。新环境显然是应面临的状况而创设的。

一心想到校外玩的 B,早上一到学校,就脱掉衣裤,跳进了泳池。他玩得非常起劲,但二十分钟后有个很活跃的大孩子也进了泳池,B 没有表现出不满,而是悄悄地离开了泳池。B 平时是根本不会在意那孩子的,他的这一行为让我觉察到,泳池里大孩子的接近让 B 感到了危险。

B 随后去了一个没人的地方。如果不是我追上他,他就会溜溜达达地跑到学校外面去。我叫住了他,他看看我,确认了一下自己在哪儿。我尽量和他在一起,当在一个只有我们两人的地方时,我感觉到这孩子在为他的脆弱自我疗伤。

当教育面临危机时,与孩子互动的成人要下功夫,为成为一名教育者而努力集聚能量。这样才能让面临的状况出现新的发展。当然,并不是说问题就此解决了,但在新的状况里教育关系会发生新的变化,对孩子会产生新的理解。

现在所出现的状况往往是众多的人各自做出不同努力的结果。所谓现状,其内涵是非常深刻的。这不仅仅因为"现状"常被卷入人际关系的感情漩涡,还因为,当把现状作为众人的自我形成的表现来理解时,它即成为认识研究所关注的对象。

七

辛苦摸索的每一天都是有意义的

倒着走

一个孩子从小的时候开始就爱倒着走。他喜欢扶着学校阳台的栏杆倒着走,在院子中央也常常倒着走。为了不撞上东西他会随时改变方向,遇到不通的地方,他会紧紧抓住成人发脾气,长时间地闹情绪。

最近一次从学校到住宿地作小旅行。这孩子一到宿舍就在屋前窄窄的阳台上扶着栏杆倒着走。走到头以后,面朝前走回来再倒着走回去。阳台的台阶他也倒着上上下下,绝不回头。有时候脚踩空了,他就哇哇地哭,紧紧地抓住我寻求安慰。等他再走的时候,就变得倍加小心。我在进宿舍之前,陪了这孩子一个小时。因为我知道,倒着走是这个孩子从幼儿时就开始的行为。

我本来以为,他倒着走的时候是在用后背感觉要到达的目标,但实际上好像并不是这样。现在上小学六年级的他,去食堂时基本上还要成人拉着走,他没有要到什么地方去的明显的目标意识,是成人在引导他走向目标。

简要地说,这个孩子不是用眼睛决定目标来行走的,我觉得他是根据脚底的运动感觉来决定位置行走的。如果脚下是安定的空间,他全身也会安定。突然踩空的时候，这个孩子的整个世界都变得不安定，于是会去寻求可以依靠的成人。我把这些想法告诉了他母亲，他母亲说，这个孩子到任何地方，只要在楼梯上上下下以后，即使是新的地方也会情绪安定。我们可以认为，这个孩子生活的世界，是一个可用身体直接接触的空间。

用手拂去食物

有这样一个孩子。给他喂饭时，如果勺子碰到他的嘴，他便张开嘴吃。最近他一看到勺子里的食物，就会胡乱挥手，一不注意就把勺子、盘子打飞到几米以外。所以在餐厅吃饭时，成人特别留意他。一开始我以为他是不想吃才会这样，但仔细一看，他的样子像婴儿伸手抓某个东西一样，不能很好地对准要抓的目标，于是看上去像是在胡乱挥手。或许，他以后会用手把食物抓到放进嘴里吃，但由于他的身体很大也很壮，为他创造这样的环境不太容易。

需要的心理

尽管还不能十分确定，这个孩子现在似乎已产生了体验身体运动感觉的需要。一天，我们在路上散步，走到了一个有商店的广场上。他拉着我的手到商店里转，我怕影响其他顾客，马上把他带到广场上几十米以外的停车场。这个孩子立刻围着停车场倒着走了一圈，还后退着上了台阶朝广场走去，很快又回到商店里。在微暗的商店里，他沿着墙拉着我的手倒着走，停在黑暗的更衣室那里静静地环视了一下四周之后，他的心情好像才稳定了。在商店的椅子上，他坐在我腿上小睡了几分钟。后来才知道他那天早上发过病，他是想呆在微暗的房间里。

这件事让我看到，当孩子有所需求的时候，不一定是显得烦躁，想想这孩子，他会倒退着回到商店，他有一个以身体的运动感觉为基准的模糊目标意识。虽然还只是在发展过程中，但是他已经有了现在的进步。为了能让这个不太好带的孩子尽量过得愉快，长时间以来家庭和学校都是他的后盾。那次小旅行的一幕是他生活中的一天，再过几年这孩子的目标意识会更加明显。那时他一定会忘记这个时期，忘记以身体的运动感觉为基准为目标意识的现在。

以上我阐述了看待这孩子行为的一种视角，从孩子倒着走这一行为，扩展到孩子的身体运动感觉的世界。当我拉着孩子的手一起走的时候，我再一次意识到，一个生活在成人不甚理解的，与我的猜想截然不同的世界里的孩子就在我眼前。

以下讲述的是与这孩子的世界不同的我的想法。

生活的推移

如上所说的那类孩子，往往在日常生活中也难以正常地吃饭、睡觉。每天和孩子生活在一起的母亲和保育者，都不能放过孩子任何一个细小的自发行为，因为要通过孩子的自发活动才能引导他们达到成人的目标。我认为，成人要不断改变自己的做法，和孩子共同营造日常生活，这一点十分重要。现在的情况往往是，在孩子自己尚未意识到的时候，就已经被带进了母亲的生活，成为一个和成人一样生活的人。

一般来说，从幼儿期到儿童期这段时间，孩子基本上是和成人一起营造共同的日常生活的。这样，作为社会一员的母亲往往跨越日常生活的圈子，把自己的目标设定为孩子的目标。一心想让孩子上好学校、有好成绩、将来进好公司。一旦到这个阶段，母亲的目标就和孩子的目标分道扬镳了。孩子有从自己的能动性里产生出来的目标，基于此，是不能把孩子的目标和成人的目标相混淆的。对于成人来说，无论是多么高尚的目标，只要不是孩子自己选择的，就不能成为孩子自己的目标。另外还应看到，成人的想象力所不及的世界常常在身边孩子的面前洞开。我认为，成人和孩子的关系应该是，认可这样的不同，共同营造更好的生活。

教育目标

朝着前方的目标行进对成人来说是理所当然的。之所以有这样理所当然的感觉，是因为我们通过儿时爬来爬去，用手触摸周边的空间，积累身体运动感觉的体验，从而逐步发展、形成了这一认识。从这一点上说，这里提到的孩子的世界是很正常的。这是人人都要经过的路，孩子需要有时间慢慢地走。因为他们尚不知道去向哪里，他们在探索的体验里，会逐渐发现自己和他人需要的东西。

思考一下教育实践，其实也是如此，年年都在反复地探索着。从今年的四月到暑假的这段时间里，我一边照顾着新生，一边尝试着了解班里的每一个孩子。慢慢地我明白了每个孩子成长所必需的是什么。如果没有这段时间有目标的行动，从四月一开始就制定教育目标的话，这是不可能的。但是，如果四月就给孩子强行制定目标的话，目标就会变成成人的目标。一般认为，没有教育目标就不能称为教师，战后 40 年间一直都这么说。但是，我们似乎忽视了，以目标为前提的教师在与孩子建立关系这一问题上，一直处于混沌不明的状态。

教育要帮助孩子形成自我，教师的目标和孩子的目标当然不同。让每一个孩子找到眼前的生活目标，并帮助他们实现，这才是教育。如果只是让孩子沿着教师制定的目标前进，孩子就会搞不清自己到底是什么。

长远的目标必须是连接着人和事物本质的目标。日常生活的多数时间都是在辛苦地摸索，这样的摸索如何与长远目标相结合，在每天的生活中不是能够明显地体现的。然而，必须通过充实每一天的生活才会产生扎实的目标。"一日辛苦一日足"不是说和目标直线连接才能产生一天的价值,而是说辛苦摸索一天的本身就具有它的意义。

八
昼夜之间

今年,我校把五个毕业生送到了别的特殊教育学校的中学部。这五个孩子中有的从两三岁就来我校幼儿部,到今年小学六年级毕业,在我校待了十来年了。当初他们在幼儿部时,谁都不知道他们将来会怎样,而现在孩子们总算都有了稳定的着落。我脑海中常常浮现出和他们一起度过的岁月。在毕业典礼上,我引用了耶稣的"好比种子的成长"的名句:"神的国度是这样的。人在土壤里播下种子,在昼夜之间,种子发芽生长。为什么会这样呢? 人不知道。原来是土壤本身让其结出果实的。"(马可,第四章)。

七八年前,有一段时期,我非常辛苦地照顾每一个孩子。那些发病厉害的孩子没有一天夜里不哭的,白天他们的情绪也十分烦躁、缠人,他们甚至咬自己的手,不知道自己要干什么。孩子在家里常常大声喊叫,干扰到邻居,连孩子的母亲也受到指责,被认为管教孩子不得法;孩子在学校也常常情绪烦躁,很难平静。

有个孩子整天都骑在教师肩膀上,一次也不笑。有段时期里他天天只是玩水。这孩子从很远的地方来学校,有时候我甚至觉得只是让他玩水有些对不住他。我曾一度怀疑这样每天背着他是不是对他有利。可是,在不知不觉中,这孩子变成了笑眯眯的被所有人喜欢的孩子。

在这样的日子里,种子在昼夜之间发芽生长了。

成长不是指迎合成人的变化,而是指孩子自身变得想做些什么,变得能够按自己的意志玩,从而形成活得像自己的人生。

对此,需要家庭和学校配合起来共渡难关,真正营造出这样的生活:孩子在其中能够觉得自己真的做了些什么,成人每天也能够和孩子一起做些什么。

前段时间在每月例行的母亲恳谈会上,其孩子今年毕业的一位母亲讲了这样的话:"以前曾经害怕过,不知道孩子从这所学校毕业以后该怎么办。现在我已经不害怕了,因为自己已经有了和孩子充实地过好每一天的信心。"我听到这些话感到十分欣慰。我所在的学校只到小学部,这带给了孩子和家长对将来的不安,尤其在这个不接受残障者的社会里,更是如此。面对这样的现实,尽管还不知道将来会出现什么样的情况,但是我们有信心和孩子一起,和家长一起,愉快地度过每一天。

当然,不能保证有病史的孩子不再发病,学校也不可能治愈他的病,然而学校可以让他们即使发病也拥有一个可以自主生活的场所。

有这样一个孩子,平时连缠人时都站不稳,可这次发病后,似乎想知道刚才自己的脑子里产生的幻觉是什么,不时用头去撞墙。这孩子显然是意识到了自己刚才是在发病状态,如果没有教职员和实习老师每天的保育,他是不会有这样的意识的,他的自我意识也是不会发展起来的。的确,每天的生活中都有重要的东西。

"在昼夜之间,种子发芽生长,为什么会这样呢? 人不知道。"事后看来,只有当孩子的能力增长了,情绪稳定了,能够快乐地生活的时候,我们才会意识到他们的成长。而在那个时候到来以前,我们几乎觉得他们的成长从其每天的生活中是看不到的。看得到的不过是孩子们晚上睡觉,早上起床而已,尽管这对孩子们来说也并非易事!"昼夜之间"这句话中包含了太多的内容。保育者的每一天该怎样度过,是我们每天面临的问题。

❤　❤　❤

九
保育者的能力极限和实力

今年夏初我参加了一个研讨会。会上有人问我,到教育第一线工作八年来,教育观念有没有改变。我马上回答道,在这八年的实践中,没有产生什么让我必须改变想法的理由。会后我重新反思当时的回答是否妥当,思考之后有了新的发现。

我所在的学校约有 35 名孩子,每年基本上按年龄编成四到五个班。幼儿部、小学一至二年级部、三至四年级部、五至六年级部。每班有二至三名教师负责。

我曾做过几年班主任。一当班主任就切身地感到了孩子对教师的依赖。我把每天孩子的行动细节汇报给家长,家长也把当天家里发生的情况告诉我,这样我就全面地了解了孩子的生活。由此,我和孩子及家长的关系十分亲近,在工作中常常体会到一种温暖的情感。以前,我担心每天总是和同一个孩子打交道会不会产生腻烦心理,而后来发现,每天接触同一个孩子特别有意思。我还感到保护孩子的安全和健康是我的责任,是没有他人可以替代的。这是在做研究者而未参加到教育实践中去的时候所没有过的感觉。当然,处在管理者的地位上,要考虑财政和宏观上的问题,不可能把整天的时间都花在孩子身上,从这点上来说,做班主任的时候是成为儿童研究者的最佳时机。

有一年,在校就读多年的一批孩子小学毕业了,一批新生又进来了。在那一年和接下去的一两年间,所有的教职员只能全力以赴地照顾自己的班级,此外再无余力。我负责的班级也如此,有的孩子一眨眼的工夫就不知跑到哪里去了,有的孩子说什么也要到学校外面去玩,我疲于应付,片刻都不能离开。幼儿部的三位班主任老师不断地相互联络,配合行动。

我一直都强调全校的孩子要由全体教师共同来照顾。但有一个时期,我觉得这样的想法简直不切实际。当时的情况是每个班级的每个老师都已经接近能力的极限,根本无法从自己负责的孩子中脱身。如果当时有旁观者在场的话,一定能感觉到教师们绷紧的神经而造成的紧张的不寻常的气氛。

在那种情况下,别班孩子来到我的教室里,我也注意不到,不会去想他为什么来,只会觉得他来添乱。要是那孩子来抢了我班孩子的玩具,揪孩子的头发的话,为了保护自己班的孩子,我甚至会考虑把教室的门锁上。事实上我真的锁过教室的门。

从那以后已经过去几年了,现在我会奇怪当时为什么那样过度地保护自己的班级。当然,那些孩子现在已经变得非常平静,和成人们的关系也十分稳定了。如果用现在的标准来衡量几年前的情况,是会用批判的眼光来看待当时的做法的。但在当时那样的特殊情况下,每个人采取自我防卫是可以理解的。也许这是在自我辩护,或许应该从更本质的方面来考虑问题。但在当时,包括我在内的每一位教师都已经到了能力的极限。

在这样的时候往往会发生意外。

一个孩子用手抓了另一个比他小的孩子,这件事升级为家长之间的纷争,闹得全校沸沸扬扬。在毕业典礼的前一天,我召集了全体孩子的母亲开恳谈会,谈话尽量开诚布公。最初我们认为是处理那个孩子的方法上有问题,后来才意识到,这并不只是那一个孩子的问题,从学校整体来看,班级之间沟通不够才是问题的核心。家长对这个问题是十分敏感的。为此,全体教职员工利用几天春假,很认真地针对班级之间的交流问题进行了探讨。之后,我们打开了所有影响班级间互相走动的门锁。这样,不论是孩子还是成人随时都可以自由进出任何教室。这不仅仅是在形式上,还为加强成人的交流起到了积极作用。

虽然因为我们的能力一时达到极限而造成了沟通受阻,但是能恢复沟通,让整体积极地运作起来,乃是教职员工的实力所至。

实力是什么?尽管每个人都有无论怎样努力都不可逾越的极限,但是一旦机会到来时,人却显现出超越极限的潜在能力,这种力量就是人的实力。有时,因为情况过于严重,自身的潜力会被抑制,人似乎只能在可控的范围内尽力而为。而在这种时候,如果心里产生质疑,思考"那是什么原因呢","这正常吗"等问题的话,就可能发现解决问题的突破口。如果害怕失败、但求无过而过度地自我防卫的话,不但自身不会有什么进步,而且会无暇顾及他人的成长。

我想人的这种能力极限和超越极限的潜力可以称之为自我的力量。这种力量在个人成长的过程中得到培育,但并不仅限于此,在教师之间的合作中这种力量也能得到培育。

教育是关系到孩子自我意识成长的工作,教师很幸运地拥有通过教育孩子而使成人后的自己发展自我的机会。教师同仁之间对每一天教育工作内容的议论,都是教师自我成长的机会。教师和家长之间的交流也是如此。

现在再回到本节开始的问题上来(即别人问我:到第一线工作八年来,教育观念有无改变)。我在教育第一线度过的每一天,都在实践中学习到很多东西。教育实践有时十分艰苦,即使在那样的情况下,教师也不能只盯着孩子世界里那些可见可触的东西而失去想象力,否则教育实践就会变得非常乏味。

学校宛如社会。在现实社会中发生的事情在学校里也同样发生,如孩子被伤害、被欺负、被误解等等。面临这些情况时,需要成人和孩子一同经历,让孩子能够勇往直前。教师要和家长配合,不能让学校与家长互相防范。在这段时间,家长中弥漫着一种紧张空气,教职员中也有同样的紧张感。我们想让家长们了解,我们正在重新定位学校在教育中的角色,我们想一切以孩子为中心考虑问题。这所学校是:

1. 让在现实社会中被伤害、被排挤的孩子得到安慰,找回自我的地方。

2. 让每一个孩子都能够找到自己的快乐,有意义地生活的地方。

3. 让在接触社会时或在同伴中被伤害、被误解的孩子,能够通过与教职员的互动,获得生活的信心和力量,勇往直前地生活的地方。对家长来说也是如此,也就是说让学校成为体验人生的地方。

如果家长和学校都陷入自我防备,表面上可以配合工作,但是双方的力量都不能充分地发挥出来。我希望在学校与家庭的合作上进行新的尝试。

尽管这些是我所期待的,但是却难以顺利地推行。

——摘自当时的日记

第 五 章

表现愿望和烦恼的游戏

——保育者的第九第十年

我现在可以底气十足地说，保育实践中最大的课题是产生出表现孩子心灵的游戏，在这样的游戏中让孩子能得到慰藉，受到教育，而具体的游戏场景是没有任何限制的。

——摘自当时的日记

♥　♥　♥

一

脸

在教育工作中感知孩子在做出某个行为时有着怎样的心情是比较容易的，但是要把那些行为和孩子内心深处的疑问、愿望结合起来，是需要满足一定条件才可能的。这个条件需要在教育经验的不断积累中成熟，也需要在对其他孩子类似情况的观察所得到的启发中逐步成熟。

扮鬼的游戏

早上，五岁的 W 从门外跌跌撞撞地跑进来，紧紧抱住我一两秒钟。

等他和实习老师玩了一会儿后,我用布蒙住脸追他玩,他害怕得浑身发抖。我被他的样子吓了一跳,赶紧从头上拿下布来,说:"是我呀!"让他清楚地看到我的脸。看来 W 是真的害怕我扮成的"鬼"。那以后,W几次要求我再扮一次"鬼",然后嘎嘎地笑着逃跑。我用手遮住脸喊着"我是鬼",再浑身抖动着抱住实习老师。我和实习老师有时互相轮换着扮鬼,有时扮成不凶的鬼,三个人玩得既起劲儿又愉快。

在玩扮鬼游戏休息的时间里,W 横躺在沙发上把手指放在嘴里对我说:"你也睡觉。"他真的像是要睡着了(他妈妈说,以前只要有让他不高兴的事,无论在什么地方他都能睡着)。

我知道孩子既怕"鬼"又很想玩扮"鬼"的游戏,所以每天和他玩很多次。

我意识到,对这个孩子来说,周围人的存在就像"鬼"一样是不可思议的。也就是说这个孩子对他人的同一性,进而对自己的同一性抱有疑问。所以我一边扮"鬼",一边让他清楚地看到我的脸,尝试着让他认识到"鬼"就是我。

W 来学校前上的是普通幼儿园。W 在智力方面发育较晚,说话不清楚,和别的孩子不合群,很多时候都是咬着手指在一旁看别的孩子玩,他一定是不能理解周围发生的事情的。成人虽然都很和蔼,但是成人期待着他能和别的孩子一样,这对他来说是力所不能及的,因此成人对他来说就变成了不可理解的对象。考虑到这孩子的生活环境,他需要了解和承认他能力的成人,于是我们决定认真细致地对待他。到现在,对这个孩子来说,周围的人已经不再是不可思议而是变得慢慢可以理解了。这样的变化得归功于扮鬼游戏。

我和 W 做着扮鬼游戏时,想起了以前把颜料涂到我脸上而高兴的几个孩子。当时我并不理解孩子们行为的意义,只是觉得在孩子和我之间发生着很重要的事情,我只是全面接纳,愉快地和他们玩。我想,孩子们是想确认:自己自发游戏的时候,成人会不会来帮忙。才会在我的脸上涂颜料。这个有关"脸"的教育工作体验,帮助我理解了扮鬼游戏。

以后和 W 玩扮鬼游戏的时候,他的紧张感逐渐减少了。两周以后,W 让自己最亲近的实习老师抱着,看见我时探出身子,从正面凝视着我的脸问:"你是谁?"他不可能不认识和他玩过很多次的我,说不定他是在重新确认没有扮成"鬼"的我。那一天,我们没有玩扮鬼的游戏。

脸和自我同一性——埃里克森的思考

E·H·埃里克森在他所著的《洞察和责任》(1971 年)里这样分析到,分不清是谁的脸,这是自我同一性的混乱造成的。他通过一个年轻人有关"脸"的梦进行说明,论述了有关从幼儿期到现在的各个时期的同一性问题。那个梦是这样的:"一个巨大的脸坐在带篷马车时代的马车上。那个脸上没有眼睛也没有鼻子,是一张光滑的脸。脸的周围有像蛇一样恐怖的卷发。那个脸好像是母亲的又好像不是。"埃里克森意识到在和青年人的自由谈话中,有关脸的话题几次被提到,这对于自我意识的形成有着重要的意义。

在这个青年人幼儿期的记忆中,母亲有一张和蔼而美丽的脸,但是有一次因为某种强烈的感情而扭曲的母亲的脸却让他印象深刻。对于孩子稍微显露出的反抗母亲就会很生气。在和母亲的关系中,孩子不明白表现自我主体性的分寸,在这里隐藏着幼儿期自我同一性的问题。

少年时期,这个青年人对做农场主的祖父非常尊敬,十分依赖。话题一谈到美国中西部带篷马车时代,他的语调就充满了诗一般的感伤。青年时期,在祖父去世前不久,他对祖父十分反抗。梦中的脸也许是祖父的脸。他希望把自己的未来建筑在像祖父那样充满智慧而且稳固的自我同一性上。但是他害怕的是他的反抗破坏了这一切。

这个青年人是神学部的学生。但是当考虑职业的时候，他产生了怀疑，精神也随之变得不安。梦中的脸也许是神的脸。

更重要的是，书中指出了这个对埃里克森讲述梦的青年眼前的人与人的关系。每个人都会对埃里克森脸周围卷曲的白发留有印象。青年人觉得这个"脸"是埃里克森的脸。在这个心理咨询期间埃里克森因病要接受手术。青年人和埃里克森的心理咨询关系也许不知何时就要中断。对这个敏感的青年人来说，一定会感到不安。"这个人无论什么事情都会认真地为我考虑吗，还是只是因为工作关系才会照顾我？"这里暗示了青年人对倾谈者的不信任。这是以与人接触为职业的人共同面临的严峻问题。埃里克森认为梦中的脸是青年人对两个人之间的心理询问关系能否持续的疑问。

面对这样的疑问，倾听谈话的人不可能连对方的责任也承担起来。倾听谈话的人不能代替母亲或祖父，也不能扮演神代替青年人承担责任。逐渐认识青年人的疑问，通过青年人的行为，发现青年人心里的烦恼、愿望和基本的态度，帮助他分析、建立新的关系才是专家该做的事情。

埃里克森在论文中论述了把这段和青年人的谈话进行临床解释的妥当性。他说与科学研究的正确答案不同，是否能让青年人抱有继续生活的希望而离开，才是衡量解释的妥当性的重点。就这一点来说在教育工作上也是一样的。

我意识到"脸"的意义和孩子一起玩扮鬼游戏的日子，W 到了放学时间也不想回家。一天的最后，他会让我抱住他的腰，自己在前面模仿电车，快速地奔跑，让我跟着他跑。他是在拉着恐惧、不安的源头——父亲在跑。不这样跑一次他不会结束他的一天。

当对一件事有了理解的时候，孩子已经要迈向另一个舞台，保育者也会遇到新的课题。教育实践是没有时间停留的。下次再遇到这样"脸"的游戏的时候,我一定能够更加接近孩子的想法。

有一次,我意识到要把孩子的行动作为心理表现来看。

行动是孩子愿望和烦恼的表现,也是针对某个人的表现。一定要有人回应,孩子的表现才会有意义。我来回应,或者是其他人来回应。教师对孩子行动的解释是回应的一部分。当解释出现偏差的时候,孩子会采取别的行动来表现。

这个想法我通过八年的教育实践得到了证实。把孩子的行动作为心理表现来看,是建立孩子和教师之间的教育关系所不可缺少的。

事实上是很多孩子的表现让我明白了这一点。很多教师也让我明白了这一点。孩子会根据不同的教师而做出不同的表现。我通过和其他教师的交流,可以知道孩子的另一个侧面。

表现也可以被看作是显露孩子心底永远继续着的课题,而发现这些课题是需要时间的。

——摘自当时的日记

♥　♥　♡

二

来 回 走

从来回走着的孩子身上看到的生命本性

一个开始学步的婴儿,被强制在都市公寓的一室中生活。走到自己想走到的地方去,连这样的人的基本需求都难以得到满足。现代社会的孩子,到可以上幼儿园的时候,很自然地是在幼儿园内先转上几圈才开始幼儿园的生活。

三岁的 R,从一楼爬楼梯上到二楼,从阳台上的外侧楼梯下到院子里,穿过较暗的楼道和较宽的通道,在好几个教室里站一会儿,把学校里的空间都转一遍。她回到自己的教室后,又去上下了几次楼梯。住在城市里,不能想去哪儿就去哪儿的孩子,用自己的脚走路,一处接一处地开拓空间和通道,这会给孩子带来快乐。我和 R 一起重复走同样的路线,对我来说只是在重复,但是对她来说却是十分高兴的事情。想到 R 会高兴,我也跟着高兴起来。R 会时不时地仰头看我笑笑。

走路会让新的空间在眼前展开。通过自己走路,另一个空间被打开,会带来开拓未来的感觉。在不能自由行走的城市环境中,对于这个孩子来说感到未来被封锁了。这个孩子不断地闹情绪哭泣,是因为她的生命本性不能充分地发挥出来而造成的。

　　五月末的一个好天,我看到一来学校就蹲在院子里的 R,我和她蹲在一起玩沙子。我不是想要做什么,而是在享受安静地和她一起度过的这个时刻。凉爽的风、太阳、土地,当被自然的物质惠顾的时候,成人和孩子能共享快乐。虽然我心里也在惦记其他的孩子,但是如果让惦记破坏了现在的宁静,就得不偿失了。

　　在这段宁静之后,很久都没有这样了,我和几个孩子把几个大盆拿到院子里,一起玩水。如果没有早上那一时的宁静,当很多孩子聚集到一起的时候,一定会发生很多纠纷吧。

　　一周以后,R 随着钢琴的伴奏,在活动厅里转圈走,像跳芭蕾的孩子一样旋转,跳了将近四十分钟。不会说话的这个孩子,大声地笑了出来。受到这个孩子生命活力的影响,周围的孩子和成人都开始手舞足蹈起来。回应孩子的生命本性需要巨大的能量,但是如果没有回应,孩子的生命本性就不能被充分地发挥出来。加上实习老师在内,活动厅内更加活跃。已经上了年纪的我体力不支想要离开,但是孩子在看着我,为了这份生命本性,我坚持和他们一起游戏。

从停留在同一地方的孩子身上看到的生命本性

　　有人通过不断扩大空间,感受生命力,相反,也有人停留在同一个地方充实生命。就孩子来说,也同样有这两种倾向。

　　因为发病常常休息的 U 和妈妈一起从校门进来,马上坐到双人座的秋千上。我坐到他的对面,他在轻轻摇动的秋千上坐了很长时间。U 有时候会从秋千上下来,在周围来回走走,然后再回到秋千上。他荡了两个小时左右的秋千。如果合着让 U 高兴的节拍推动秋千的话,你就会感到,在秋千前后摇摆的空间里,这孩子的呼吸也一张一弛有一个微妙的空间。对发病率高的孩子来说,让他们的身体尽可能地轻松是最重要的,对于 U 来说,停留在按其呼吸节奏而调节出来的空间里,能够激发出他生命的本性。像这样的孩子，教师是不能从他们身边离开的。当然，长时间处在这样的情况下，如何和孩子一起度过是一个问题。不过，如果注意到孩子停留在同一地方时伴随着他的呼吸节奏和身体动作而发生的细微心理变化的话，就不会觉得单调了。如果也对成人自身的呼吸或身体动作有意识地关注的话，那么，那里就成为连接着广阔宇宙的空间了。

快放学的时候，我和 U 的母亲谈了今天的情况。她说，孩子在家里时也喜欢在沙发上晃动身体，待很长时间。第二天来校时，U 的母亲告诉我，昨天在回家的路上她又想了想，觉得在和孩子走路时也有类似情况。她为了配合孩子的呼吸，或停下来或调节走路的速度。如果配合得不好，和孩子一起走路会变得十分辛苦。"最重要的是发现孩子的特点。"将近十年和孩子形影不离的母亲这样说。

不仅限于这个孩子，保育者的生活就是和孩子在一起的生活。尽管我们生活在物理上很有限的空间里，但是，当发现孩子生命的本性及其本性的表现时，当成人也从孩子的生命本性出发作出回应时，成人和孩子在一起的生活就会产生积极的、有活力的、多彩的内容。

面对有生命力的孩子，成人也有生命力地做出回应，这在教育工作上，无论是老教师还是年轻教师，都是不可或缺的。这意思并不是说教师一定要发出很大的声音或精力充沛地活动。为了能从回应孩子的过程中发现意义，成人必须首先要准备好自己身心方面的条件。当然，这一努力因保育者的年龄和所处的情况而异。但是不管怎样，在教育工作中对孩子做出有生命力的回应需要对人性进行洞察，也就是说需要锻炼出教育的睿智。

站在孩子的角度思考行动的意义

1. 如果用语言记述行动，我们会根据语言字面的通常意思来理解,而忽视孩子身体水平上的意义——第一次语言化。

2. 孩子并不是根据语言的意思采取行动的,因为他们先是有身体感觉,所以要根据孩子的身体水平重新思考其行动的意义。一般认为,身体感觉在很大程度上属于个体的感觉,别人是很难了解的。但我却不这么想,我在某种程度上是了解孩子的身体水平的。

a 通过和孩子一起行动。

b 通过和孩子一对一的行动。

c 不要把孩子的行动语言化,要发掘出被语言掩盖了的无意识的身体感觉。

这里所说的 a 和 b 很多人都在做,但是要做到 c 就十分困难了。

3. 经过以上的过程以后再把行动语言化——第二次语言化。

有意识地这样做是非常重要的。

4. 因为语言是有局限性的,所以我们要多次琢磨语言,发现新的语言——第 n 次语言化。

5. 研究不会说话的孩子和成人们的行动具有特别的意义。这些人不是通过语言来交流的,他们通过身体动作进行交流。我们不能简单地把这些动作限制在语言的框架里。

6. 以走路为例。

R 在学校里到处走,并不是我们通常说的“走路”。R 是在开拓新的空间和新的未来。到处走这一身体行为让 R 的生命具有了生机与活力。

婴儿独自站起来的时候,我们会很自然地说:“站起来了!”现在排除“站立”这个词来思考一下,那就是:婴儿用自己的腿使身体垂直朝向天。所以在孩子的绘画中会出现垂直的线。当孩子可以自己解大便时,孩子会感受到用自己的力量把身体里的东西排泄出来的快感。这是他们最早的靠自己努力而产生的结果,其意义并不是孩子“会排泄了"这样的语言所能表达的。自己的努力想要得到别人的承认,这是人的本性,但是孩子却不能得到大便解得好的表扬。当这样的不被承认到达一个极端的时候,就会出现孩子把大便涂抹到墙上的行为。

> 今天,在每一个成人和孩子之间会展开怎样的思想碰撞呢?我在碰撞着并愉快地观察着。
>
> ——摘自当时的日记

♥　♥　♥

三

来者不拒

对"被"非常敏感的孩子

对迎面而来的事物我们该如何接受呢?接受的方法因孩子而异。有的孩子对被抚摸,被问话等被动的事情十分敏感,会害怕和拒绝。不过通过多年的培养,这样的害怕和拒绝已有所改观。

　　三岁的 K,如果让他换下脏了的或湿了的衣服,他就会大声喊叫,拼命反抗不让脱他的衣服。一开始我们总是用尽力气按住他的手脚给他脱衣服,后来才发现,这个孩子对别人接触他的身体比任何人都敏感。从此,我们就不再勉强他了。

　　K 现在八岁了。前几天的一个早上,我遇见 K,他拉我到水池那儿,往盆里注满水泼在我身上。我赶快逃跑,他就一直追到院子边上。然后他带我去更衣室,说"把裤子脱了",让我把裤子换掉。这时我明白了,K 是想让我换裤子才向我泼水的。连着几天都是如此,如果我逃跑,他甚至会拿着一条浸湿了的毛巾来追我。我学 K 小时候的样子,大喊着反抗着进到更衣室换衣服,K 就特别开心。看着这孩子的笑脸度过早上的时光真让人愉快。

　　K 小时候从成人那里被迫接受的被动行为,现在变成了和成人之间的积极性游戏。

　　K 对身体被抚摸极其敏感,而且对别人的目光也十分敏感。平常早上他从校门进来的时候,会先谨慎地看看校园里,跑到让别人看不到他的树丛后面,再慢慢地加入到大家当中。这段时间因为有新的实习老师了,他于是就藏到老师的后面。

　　K 非常喜欢玩追人游戏。为了不被抓住,他会跑着爬上滑梯的梯子,再从滑梯上滑下来。他笑眯眯地看着成人的脸,好像在说"你来追我呀"。有时他会故意被抓住再拼命挣扎。以前很怕在追人游戏中被抓住的 K,现在已经把这个游戏转换成积极的游戏了。

　　身体被抓住,被别人看等等,对别人把自己怎么样特别敏感的孩子,如果故意多去靠近他、注视他、和他搭话,会遭到他的拒绝。倒不如让他保持自己的自尊,让他做自己想做的事,慢慢地就会培养出他的力量,一种对自己恐惧过的事积极去关心的力量。而且,他也会把被抓住,被注视当作游戏,愉快地接受。这时,被别人抓住会同时变成去抓

住别人，被别人看变成去看别人，孩子和教师之间将营造出被动和主动
互换的行为。

来者不拒而使成人的世界变得宽广

成人也是一样，在遇到意想不到的事情时，也就是说，当自己被置
于一个被动的立场时，会采取自我防卫而拒绝他人。人会固守自己狭
窄的框架，固执己见，妨碍他人的成长。当人被置于被动立场上时，人
需要接触（理解）和自己不同的他人。如果我们换位思考，接受他人的
全部，我们就能拓宽自己的世界，从而发生变化，得到成长。

自我实现并不仅指自己顺利地完成了什么事情，还包括在被动情
况下能够积极地面对现实，并进一步发现真实的自我。如何接受面对
的事实，对成人来说是频繁出现的课题。

三岁的孩子被脱去衣服时的抵触，是因为这个孩子处在一个被动
的地位。作为教师要接受孩子。如果教师强制执行自己的想法，则不
能触摸到孩子的世界。遇到孩子抵抗时，如果注意到孩子有他自己的
感受和想法，教师的视野才能伸展到与我们不同的孩子的世界里去。

和 K 一样，也有对"被……"非常敏感的成人。这种人遇到突如其
来的事情时，常常首先采取拒绝。但是，如果从孩提时候开始，能够反
复经历把被动变为主动的过程，人就会慢慢成长为理解和接纳对方的
人。当成为教育孩子的保育者时，保育实践给予保育者以修炼自己接
纳方法的机会。这是他们的自我成长时期。

我正在写这页文稿时，发现本来坑着电车把轨道连起来的 K，突然
跑进教室来把门关上了。我悄悄地打开门，看见他在里面哭，他看见我
后马上又把门关上了。我问了别人才知道，本来 K 和三个男孩一起很
高兴地在玩轨道电车，可他的电车却被别的孩子抢走了，他是打了那个
孩子的头才跑到教室里来的。K 对手中的电车被抢走反应敏感，而且

他不希望别人看到他激动的样子。不过,过了一会儿,他从教室里出来又开始玩起来。在自己的东西被别人抢走后,他能自己平复自己激动的情绪,再开始和其他孩子一起玩。这个孩子用自己的方式接受了当时突如其来的事情。

K 平时的表现让大家都夸他是一个善解人意的小绅士。

> 我想在自己的周围创造一个自由、安静和亲和的空间。
>
> ——摘自当时的日记

四
拉着过去前进的人

作为教师,工作一天之后,会有和读过一本书之后一样的满足感。一开始和孩子在一起时,并不知道会展开什么样的故事,但是一旦和孩子接触以后,就能看到孩子的世界。

用手推动电车

那一天四岁的 F 进到教室里来的时候，教室里只有我一人，我第一次接触这孩子。由于没接触过，心里有点儿踌躇，但我还是积极地抓住这个机会，开始了和孩子的交流。

我看到 F 从玩具架上拿了一辆电车，就把装电车配件的盒子拿下来给他。F 把电车放在电车轨道上，等我把轨道结成一个圈以后，他用手推动着电车玩。当我把电池启动型电车放到轨道上时，马上就被他拿去了。用自己的手推动电车对这个孩子来说很重要。在自动运转的东西充斥的现代生活里，我感到用手推动是孩子适宜的选择。

连接电车——连接处的危机

过了一会儿，F 要在用手摆弄的电车后面接上一辆别的电车。他自己接不好让我帮助他。

在一旁的她妈妈有事要到外面去，这时候 F 已经愿意和我一起玩电车了。他把眼睛凑近放在地上的电车，弯下身子，好像只是和电车面对面，眼睛里没有别的东西。他对我说："接上。"让我把两辆电车连接上。电车前部和后部的连接处是不一样的，如果方向搞反了就会接不上。我把电车倒过来接，可是孩子不让我这样做。

把电车接好是需要巧劲儿的。电车的连接处——隐含着人与人的连接——对这个孩子来说似乎有一种危机感。我下了很大工夫才帮他把电车接上。F 慢慢地移动接得很长的电车。

争抢电车——身体为中介

玩了一会儿，别的孩子过来碰到了其中一辆电车。F 大声叫起来，他觉得这里的电车都是他的。正好这时他母亲从外面进来,他就狠狠地打他母亲,另一个孩子被 F 的行为吓呆了。这时候无论成人说什么,对孩子一般都不起作用,比较适宜的办法是用身体来和孩子沟通。我把头探到两个孩子之间,一边拉住一个,我变成了他们之间的连接物,他们互相之间感觉到身体的呼吸。这时候,两个孩子之间萌生了要互相谦让的情绪,各自回到了刚才自己玩的地方。F 接着去连接电车,用手推着电车在轨道上移动。

从头到尾——拉着过去前进的人

电车共接了九个车厢。F 用手抓着最前面的一个车厢慢慢地拉着。当第一个车厢从山洞里穿过的时候,最后一辆还没有进入山洞。F 非常专心地拉着最前面的车厢,眼睛死死地盯着,直到最后一个车厢从山洞里出来为止。我想,这个连接在一起的电车整体就是这孩子。在孩子的心里很多事和很多人连接在一起,各种各样的过去连接在一起,他的回忆连接在一起。过去正朝着未来移动,带着回忆和紧张前进。这所有的感受就是他自己。

我想起刚才两个孩子争抢电车的事。F 在别的孩子触摸电车时,感觉是自己被侵犯了。其中的懊恼和其他的情绪是我所不了解的。这个孩子有从过去带来的情感,他把这种情感发泄到了母亲身上。人虽然生活在现在,但是会受到各种各样过去记忆的牵制。如果所受的牵制过强,"现在"就会受到影响。

F 通过看着自己连接的电车的最后一个车厢从山洞里穿过,认识到了自己的心里有什么一直放不下的东西。这不是通过语言,而是通过这样的游戏,孩子认识到了自我。我一边思考着这个问题,一边和孩子一起玩。我在他旁边用手稍稍辅助着,以防电车在穿越山洞时翻倒。

孩子结束了自己的一天

两点半左右,孩子们放学回家了。之后,老师们像往常一样,一边喝茶一边谈论当天学校的情况。

快到四点时,在学校的院子里又听到了 F 的声音。原来这孩子正在和母亲与一个老师在院子里玩。他让母亲和老师先爬上滑梯,然后自己追着爬上去,再从另一边的滑梯梯子上下来,就这样反复了多次。梯子上有一个篷盖,好像是一个山洞。这次他让人和人连接在一起,老师、妈妈,最后是他自己。F 也像玩电车时一样反复多次地玩。而比起电车来,现在的游戏更加现实了,孩子把内心盘绕着的感情变成了实在的形式加以认识。不多次玩这样的游戏,这孩子是不能结束他一天的生活的。

早上和孩子们开始接触时尚不清楚的事情,到一天结束时就会看得很清楚,这样的经历并不少见。一天的教育工作可以让我们通过和孩子在一起,观察和思考人是怎样生活的。

这个孩子一周只来校两次。这天以后,每次他来校时都是和不同的老师玩不同的游戏,每次都能看到他的成长。比如他不再用轨道玩电车,而是用活动厅里放着的大型积木,通过自己大幅度地晃动身体来推动电车。后来他不再玩连接电车的游戏了,好像他已经度过了人和人之间连接的危机。有一天,他一直玩到傍晚,看来已经解决了牵绊着自己的感情。

　　虽然过去连接着现在,但却是可以与现在分割的。 如果持续地连接,现在就会被过去所牵制。 其实,过去会因为现在的生活而产生变化。 我们要用现在的意志生活在现在。

——摘自当时的日记

第 六 章

保育者的智慧和身体的惰性

——保育者的第十一、十二年

> 我想在这学校干一点事。
>
> 现在,我们要满足孩子的需要,不能反其道而行之。
>
> 了解孩子真正需要什么是非常困难的,它需要我们自我修炼,常常更新自己的智慧,形成为他人着想的情怀。我希望培养教师和家长这种素质。这正是我在这所学校里每天用心在做的事情。在这样的工作中,生命的秩序得以产生。
>
> ——摘自开学典礼的讲话稿(1992年4月9日)

♥　♥　♥

一

归来的游戏

P 早上从校门口跑进来就在教室门口对我摊开他的手,连声说:"很疼,很疼。"我仔细地看他的手却没有发现哪儿有伤。

一进到教室后,他就开始跳蹦床,嘴里反复说着:"危险,危险。"

P是几个月以前进我校幼儿部的。他只要爬到高处或跳蹦床的时候就会说"危险，危险"，让人印象深刻。从他的话里让人感觉到他心里有危机感。我在他身边时就对他说："刚才很危险，不过我在旁边护着你，不会让你掉下来的。"

这天早上，P的母亲送P来学校，手上还抱着八个月大的P的妹妹。P在活动厅跳蹦床时，看见母亲要从教室里出去，马上从蹦床上下来追上去。我立刻对他母亲说："请您拉住他的手。"他母亲于是很温和地把P拉到身边。P靠在母亲身边有两三秒中，然后又回去跳蹦床了。

母亲走后，P又跑进活动厅去跳蹦床，在教室里的我一时不知道是不是该跟过去。过了一会儿我走进活动厅，P在蹦床上看见我就高兴地笑了。他拉着我的手一边跳一边说："刚才危险，刚才危险。"过了一会儿，他又一下子跑进幼儿部的教室里去了。就这样，他在活动厅和幼儿部教室之间往返了很多次。我被他的笑脸吸引着，也和他一起往返了很多次。当时在活动厅里的实习老师后来告诉我，这孩子跳蹦床时一直说着："会来吗？会来吗？"原来他一直在等着我啊。

就这样，P这一天玩得很好，只有时会突然问："妈妈呢？"如果我对他说妈妈一定会来接他的，他就会继续玩得很好。放学后他妈妈来接他，他跑到妈妈那里说了好几遍"我们去接，我们去接"。他妈妈说，在P的心里有一个"接"的地方，婴儿妹妹和妈妈白天就去那里了。

从那以后的几天里，P一直重复地玩从幼儿部的教室跑到活动厅里等我出现的游戏。然后，一看到我的脸时就笑着说"回来了，回来了"。我明白了，在孩子的心里，让一度离开的东西又回到自己身边是一个课题。

正好在这期间，我去了一次我女儿家。当女儿抱起三个月大的小孙女时，三岁多的大孙子很认真地看着他妈妈问："妈妈是小Y（三个月的妹妹）的妈妈吗？"妈妈很惊讶地放下婴儿，抱起了这个三岁的孩子，接下来就变成由我来照顾婴儿。对于三岁的孩子来说，一直以来妈妈都只是属于自己的,他很难理解妈妈也是另外的婴儿的妈妈。孩子很偶然地用语言表达出了他的疑问,并马上被成人理解了。如果有同样疑问的孩子是以用手揪小婴儿头发的方式来表达的话,那么成人要理解这样的行为就不那么简单,的确需要时间了。

早上,当P从校门外跑进来,说着"很疼,很疼"把手摊开的时候,也许是因为他摔倒了,但我认为他是心里难过的缘故。伴随着妈妈生下第二个孩子,很多孩子都出现难过伤心,而P是如此简洁地把这份伤心表达出来罢了。我一边和P的母亲交谈着,一边在心里惊异着孩子的表现力。

我希望帮助孩子们解决他们心中的疑惑。

❤　❤　❤

二

训　练

U总让成人抱着从这个教室走到那个教室。有时她想去安静的地方,有时又想去大家玩的地方。只要有机会我就想带她去大家玩的地方。有一天,她妈妈来接她回去的时候,抓着蹦床站着的U突然发病了。我马上跑过去扶住她,她竟站着睡着了。这时她妈妈很不好意思地说,当时教室里有两个孩子大声地打闹,周围孩子的动作也很激烈、声音很大,U对热闹的地方很不适应。她妈妈是想说,这一天孩子的发病是由于周围嘈杂的声音引起的。我早就留意到U喜欢让成人抱着到只有他们两个人的地方去,但是我没有想到,她的安静被干扰会成为发病的导火索。从第二天早上开始,我们用很平静的态度迎接 U,努力让她这一天无论是心理上还是动作上都能安静地度过。这样做以后,宁静的生活感觉传递到了这孩子身上。经过了一段时间以后,U 会自己主动要求去热闹的地方,而且不会在那里发病。通过 U 的变化,我们了解了孩子本身生命力的轨迹是什么,然后再为孩子建立某种联系,为孩子开拓出新的活动空间。

那段时间学校很多人都认为:即使孩子不愿意,也要在步行、吃饭、排泄、语言等方面进行必要的训练,不然孩子的能力是不能得到增长的。面对这种说法,我不能很好地给以回答。

在我思考这个问题的日子里,我观察了 M 吃饭时的情景。这孩子以前吃饭时一般很少用手,可现在却常用两只手拿食物,吃得满脸满身都是饭粒。我看到,尽管他不能把饭全部准确地送到嘴里,但是,尝试的过程中他还是把一些饭送进了嘴里。我还看到,他用一只手扶着饭盒的边缘,用另一只手从饭盒里拿出食物或在饭盒内侧来回抚摸。他是在用触觉学习容器的内部和外部!

我一直期待着这个孩子什么时候能用自己的手把食物送到嘴里。我认为在他能做到之前,没有必要仅仅只针对吃饭而安排专门时间进行训练。这孩子自尊心很强,他以傲慢的态度让成人给他喂饭,是想体验与成人平等的关系。只有经历了这个过程以后,到某一天,这孩子才会对用自己的手把食物送进嘴里感兴趣,也才会产生让我们惊喜的欲望。在必要时,孩子会自己选择时间集中地进行自我训练,并在学习吃饭的同时,学习人际关系以及对周围情况的判断等。

连续发生的多个事例引起了我同样的思考。

今年三月,从我校毕业后上了初中的 B 的中学老师来问我:"B 善于通过照片理解情况后再行动,在她上小学时是怎么训练的?"我一开始并没有理解那位老师提问的意图,但后来意识到,他以为我们用照片教材进行过循序渐进的训练,使 B 具有了这种能力。我告诉他,我们没有进行过什么训练,但我说明了照片和 B 的关系。

在我桌子的抽屉里放着很多照片。B 从小学三四年级开始,就会从照片里找出自己认识的同学的照片,并一直盯着看,多次地用手抚摸,最后还会用舌头去舔。有时候照片会被她弄破,于是我每天都往抽屉里补充照片,这样持续了几个月。不光是我,别的老师也在抽屉里放着各种各样的照片。在我们学校,每学期都要为每个孩子做一本相册来取代成绩单,班主任老师会在照片旁边写上评语。每个孩子都喜欢这样的相册。在寒暑假结束的时候,B 的相册常常都被她翻看得面目全非。就是在这样的生活中,B 对照片的判断和认识被培养了起来。B 的能力是在我们教师和 B 的相互沟通中产生的,而不是以某个结果为目标训练出来的。

B 身上还有一个明显的特点。她右手麻痹,不能用右手抓住东西。但是,B 积极地想做什么的时候,她能用右手的手背和嘴配合起来而做得很好,如用线穿漂亮颜色的小塑料珠子、绣花等。几年前整形外科医生来学校的时候,看见 B 的状况后告诉我们,如果她能照这样生活下去,就不需要再做什么特别的训练了。医生的话鼓舞了我们。如果从训练的角度来看,孩子自己对自己做了最有效的训练。如果孩子自身理解训练的意义并积极地进行时,训练才有意义。如果不是这样,而是朝着成人期望的目标让孩子被动地被训练,那么孩子本来具有的积极的生命力就会被破坏,那样训练出的孩子的脸上是不会出现神采的。

在考虑训练的时候,是把孩子当作训练的对象来看待呢还是把孩子看作平等的人,由此引发的教育实践会有很大的差异。

❤　　❤　　❤

三
早　晨

早上,每当孩子们在眼前出现之前,教师们往往会有一阵紧张的感觉。这是对难以预知的未来的一种恐惧,也是对迄今为止尚未解决的过去的问题的疑惑。等待孩子们的这一时刻,是站在过去的终结点上展望着前方,期待着未来。这份紧张感如果能够很纯粹地保持住的话,在教师的内心潜藏着的充实的一天就会开始。

教师也会有缺少这样的紧张感的日子。如果仅是因为外在的原因(如有时去邮局寄东西,有时要接待客人等),那么很快地就会找回这种紧张感。如果心里忍受不了这样的紧张感而让其麻木、扩散掉的话,那么教师的这一天就会变成被惰性充斥的一天。

在早上,孩子和成人潜在的能量还处于潜伏状态。由于成人抱着自己的期待和希望,因此在接受孩子释放出的能量时,需要做好充分的思想准备。要和孩子们共同完成一件事,需要有生机勃勃的精神力量。也许每天都需要这样的力量,特别是和孩子在一起生活的时候。

但是人的自然倾向往往与之相反,因为人总想把消耗的能量降到最小。如果只是一味地迁就孩子,和孩子一起生活,会给成人带来更多的疲劳。作为保育者,必须在意识里自觉地阻止这样的惰性。

　　成人在考虑一天的活动时,很容易落到总是想让孩子按照自己的想法行事的陷阱里。而教育是帮助他人自我成长,不是把孩子圈在教育的框架里。

　　早上,是开始和昨天或和以前完全不同的一天的时候。今天会和谁相遇,会发生什么事情,一切都不可预知。如果无视这一点,只是停留在头脑中固有的观念上,就很难会遇到新的人和新的事,一天的生活就会变得循规蹈矩,失去生命的活力。

　　早上是处在昨天和明天、他人和自己等等相对的两极之间的时空,是自我力量复苏的时刻。

　　在早上,需要把那些直到昨天还在思考的问题暂时放置一边(尽管需要认真地对待这些问题),以新的姿态去面对今天。

　　当孩子们出现的时候,保育者的紧张感被冲淡了,渐渐地融入到孩子们当中。在具体的工作中由于要回应来自孩子的很多要求和需要,身心疲惫的保育者有时会模糊掉一些重要的本质性的东西。教师会一方面觉得缺少了什么,另一方面又不知道缺少了什么,每天陷于为满足孩子的直接需要而疲于奔命的状态。

　　事物的本质性并不是一个实体,但是如果没有追寻本质的精神,教育工作就会陷入肤浅的自我满足里。

　　在教育工作中,理念、方针、教材和方法都是必要的,但是最重要的是人。一个保育者如果失去了早上工作前的那种紧张感,那么在置身充满变化的教育第一线时就会失去部分灵感。谁都存在这样的可能性!怎么防止这种"失去",是每一个保育者都要反思的。不知道别人怎么做,我是一定要这样做的。

❤ ❤ ♡

四

原 点

有个孩子每天都要让成人背着。有时,我背着那个孩子一边走一边想"我真的认可了这个孩子所有的一切了吗?"即使这孩子不说话,只是趴在我背上,却好像是在对我说,他是一个很像样的孩子。孩子从我的背上下来,坐在我桌子前面的转椅上,在椅子上每转一圈就看我一眼,笑一笑。这时,我和孩子之间的距离瞬间缩短了,好像我们之间突然变得亲近了。我感到无论成人是否说出来,孩子都能够感觉到和自己在一起的成人心里在想什么。

有个孩子一天中的大部分时间都是让成人抱着,在楼梯上走上走下或者去其他地方走来走去。这孩子才四岁,可抱他的时候却觉得特别重。我一边抱着孩子一边担心,如果一直这样抱着,他的体重会更快地增加,他的腿会更不能支撑其体重,步行起来会更加困难。于是,我想尽量让他自己练习走路。可是孩子却不喜欢练习走路,一定要人抱。有一次,我看见这孩子在一点点地蹭着往前移动,他是在寻求成人的帮助啊。我顿时产生一个想法,哪怕他今后一辈子都不会走路,我也一定要抱他。有了这样的想法以后,我的心情一下子变得轻松了。有一天,这个孩子居然一个人在走廊里走,他的腿很好地支撑住了他的体重。而且从那以后,这孩子基本上都是一个人独自走路! 我和他妈妈谈了我的思想变化,他妈妈马上表示同意。她还说,当成人做好了孩子这辈子都不会走路的思想准备时,什么都开始变化了。这话听上去好像很极端,在这十年中,很多家长都对我说过同样的话。而同时,我看到很多的孩子不仅各种能力得到了增长,也看到他们走向成熟。

　　家长自然期望孩子向高一层的发展阶段迈进,哪怕是迈出一步也好。不过,只有成人认可每个孩子的本真状态,从现在开始和孩子愉快地度过每一天,不再固执地坚持自己的标准,孩子才会产生发展和变化。家长和教师都要认可孩子原本状态,这样才算是回到和孩子建立关系的原点。原点是要通过每天和孩子的重新接触去重新认识的,保育者和孩子每天的成长正是建立在这一原点之上的。

五
保育的智慧——通过深入地接触

　　如果抱着和孩子深入接触的愿望而待在孩子身边时,就会看到走马观花时看不到的东西。我在教育现场有很多这样的经验。

　　秋日的一天,一个孩子在院子里拿着可以放水的水管独自在玩。尽管当时我正忙着照顾另外几个孩子,由于以前我很少和这个孩子玩,今天见他一个人在玩水管,就想去和他好好接触一下。于是我在这个孩子的旁边站了一会儿。

在我不想和孩子深入接触的时候,我常常单方面地用成人的标准来评价孩子的行为。比如说,认为玩水会弄湿、弄脏衣服,就要求孩子动作快一点儿等。而当我想要和孩子好好接触而站在他旁边的时候,我就会注意到孩子行为的很多细节,能够亲切地、深入地去观察对方。这种现象是人与人关系中一个很奇妙的现象。

这个孩子玩了一会儿后好像弄湿了裤子,想要自己脱却又脱不下来。如果让他站在地上脱会沾上泥,所以我想帮他一下,就把他抱到了教室里。这时我发现,这孩子的衣服看上去像是弄湿了,其实根本没湿,裤子只湿了一点点,他就想脱下来。这孩子为了不让水弄湿自己,其实一直都在控制着水流。

我想起了第一学期刚开始的情景。这个孩子刚来我校,他站在水坑里让水浸到他的腰,弄得浑身都是泥。这孩子原本把自己和泥混为一体,现在认识到自己和周围的事物有一条界线,他明确了自己身体的边线。

这个孩子穿上裤子后并没有马上回到院子里玩水的地方,而是跑到活动厅去了。在活动厅中央有一个用大型积木围起来的池子,池子底部铺着报纸。池子旁边摆放着室内用的滑梯和攀登架。这个孩子在积木围成的池沿上走,再从滑梯上滑下来。我在滑梯的下面伸开双手接着他,他笑着冲进我的怀里。平时我只看到这孩子像子弹一样快速奔跑的样子,现在,还看到了他对我笑。

这之后,他一会儿拉着我的手在平衡木上走,一会儿趴下来爬过难通过的地方。他愉快地、无拘无束地活动着他的身体。遇到一个人行动会有危险的地方,他就伸出手来请求我的帮助,他能意识到和我的关系。有时候他还跑来把脸贴在我怀里。可以毫不怀疑地说,通过身体和身体的接触,两个人之间可以传递彼此信赖的感觉。一开始我并不知道孩子的行为会有怎样的发展,只是抱着和他深入接触的愿望守在他旁边而已。可只用了大约一个小时的时间,我们的心灵就沟通了,这是每一个保育者在某时某地都曾有过的经历。

在实际的教育工作中,尽管每天的具体事物不尽相同,每一个孩子、每一个教育情景都是彼此独立的,但是每一天又共同拥有相同的东西。下面是我从大量的教育工作中提取出的几个共同点。

深入接触孩子

未深入接触孩子时,成人容易单方面地以成人的标准来评价孩子。这时的保育者是不可能洞察孩子内心深处的愿望和烦恼的。

当教师在教育工作中感受到与孩子的相互信赖时,会和孩子在心灵深处沟通。这种感觉可以用生命力、空间性、心灵等语言来表现。当人希望心灵的接触,而又能够马上得到实现的就是和孩子的接触。

每一次和孩子接触都是在提高自己

保育者在接触孩子的时候,会重新审视自己,以一个崭新的自己去面对孩子。如果不是这样,一直惟我独尊的话,是难以和与自己完全不同的孩子交往的。即使和孩子接触,也会对孩子产生偏见或做出自以为是的理解,甚至还会错误地断言和孩子的沟通是不可能的。在教育现场的成人常常会犯上述的错误。如果没有教师与孩子真正的沟通,教育现场就不会充满活力。在教育现场,在和孩子的接触中,成人在被改变着。有时表面看起来似乎和平时没有什么区别,其实教师的内心已经发生了新的变化。正是这种变化让正在成长中的孩子得到满足。

保育者要向前看,不断地和孩子接触,创造新的关系

如果不能认识到这一点,和孩子的接触就会停滞不前。人是脆弱的,如果不能时刻提醒自己,承受压力,面向未来去奋斗的话,不光是保

育者个人，甚至整个教育现场都会情绪低迷。

认可每一个孩子的本真态，触及孩子的本真态

即使不同于成人的期待和价值标准，也要认可孩子，和孩子互动，让孩子有他自己的成长。否定或者肯定孩子的本真态，保育者与孩子之间的关系会截然不同。只有孩子个性的行为被认可的时候，他才会让保育者看到他心灵的深处。保育者首先是要尊重和自己完全不同的孩子的本真态，再下功夫去和孩子生活在一起。

深层次地接触

虽然这么说，但是一旦生活在孩子当中，每天就陷于异常的忙忙碌碌之中。

因为不能总是只和一个孩子交往。常在不知不觉中接触的孩子交替着更换着。

成人想和来到身边的任何一个孩子深层次地接触；孩子也想和他身边的各种各样的成人深层次地接触；孩子之间也想深层次地接触。

——摘自当时的日记

♥　♥　♥

六
保育既是身体的行为，也是智慧的行为

当对保育工作习以为常之后，我们会发现，在教育现场的自己不知不觉放松了对自己的要求，和孩子的接触也随之变得粗浅。而当意识到不能这样下去时，又会重新以谦虚好学的态度面对保育工作，重新想起教育工作的原点。

为着深化和孩子亲密接触的"现在"，改变我们自己的认识。

与那些难以沟通的孩子和负担沉重地度过每一天的家长真心互动。

即使未能理解其意义，应答孩子的行为本身就能产生出教育智慧，我们抱着这样的信念和孩子交往。

和孩子的接触交往是各种各样的。

在不常接触的孩子身边蹲下时，孩子会发现有人在他们身边关注自己，会让我们看到意想不到的行为。我们会发现孩子最近在想些什么。只要有这份心思来到孩子身边，哪怕时间很短，也会看到很多东西。

长期以来已经看惯的那个只爱玩水的孩子，现在发现他的玩法和

以前完全不同了。孩子用水管一边浇水，一边大声叫着。他把水浇到白黏土块上，黏土块被弄得粉碎，他的声音大得好像是在用声音击碎黏土块。以前，他只要看见别的孩子手里拿着水管就会慌忙逃跑，现在的他和以前已经大不相同。他一会儿把水管对准水泥墙冲掉墙上的土，一会儿又把水放缓大大咧咧地笑着，用水击碎土块。他每天都有很多事可做。和这个孩子接触时，我在他身上看到了一些像我的东西——我每天都来此地上班，十多年如一日地思考同样的问题。他也一直在玩着同样的游戏，这份持之以恒的热情是非常珍贵的。

有个吃坏了肚子几天没来学校的孩子又来上学了。他母亲说，孩子从冰箱里拿果汁喝，如果给果汁加水冲淡一点，他就会生气。为这事母子之间常常争执，母亲觉得很累。这些话让我仿佛看到了这孩子家里傍晚的情景。

我意识到，在这样的时候，一定要一件事一件事注重质量地认真对待。

在我和他母亲说话时，孩子一会儿把身子靠在我膝盖上，一会儿在近处走来走去。母亲说："孩子这段时间里好像没有什么可以吸引他的游戏，他找不到什么自己想做的事，总是逛来逛去。"我认真思考后对他母亲说："那我们更要重视孩子现在这一段时间，这是他要找到自己想做的事的时间。"我觉得要认真对待和孩子母亲谈话的时间，无论谈论什么话题。

有一个每天都要让人抱着的孩子来上学了。孩子想要人抱的时候，我一定会去抱他。如果成人心里想的是只要有机会就把孩子放到地上去，那么，他抱着孩子的"这一段时间"就失去了意义。如果把这一段时间看成和孩子亲近、一起快乐度过的时间的话，那么抱着孩子的这一段时间就变成和孩子接触的珍贵一刻。在教育实践中，如果能做到这一点就会有很多发现。如，只要周围持续地吵闹就会发病的孩子，往往会选择安静的场所。这些孩子有安定感,是因为他们知道,只要他们对我有要求,我就会去抱他们,这种感觉也许能让孩子一天的生活都非常安定。如果让人抱着是孩子每天的一件开心事的话,那么能让孩子开心的保育者是幸运的。

有个孩子爬到院子里游戏器械的高处,我在下面看着,担心他会掉下来。这时候却发现孩子牢牢地抓着防护网。孩子能够这样,说明他是自己选择了这个成人照顾不到的场所的。这个孩子在日常生活中一定是常常感到被人疏远,所以爱一个人往高处去。我自己常躲避这个总是惹麻烦的孩子,周围的人也说他是残障儿,没有语言能力。其实,这孩子时常有自己的价值不被认可的寂寞感。想到此,我意识到不能随便叫他下来,不能让他觉得只是因为高的地方很危险才叫他,而要仔细思量,找到能让他觉得亲切的话语去叫他。等孩子从很高的地方下来以后,还要和他一起玩。我这样做了以后,一个本来东跑西跑的孩子不知什么时候握住了我的手。

一天的工作结束以后,我觉得这一天真是做了很多事情。但是一旦回顾到底做了什么时,却又想不起具体的事情来,常常是过了一段时间以后才慢慢清晰起来。记录在这里的事情大都是这样回忆出来的。在工作中,我专注地把自己放在孩子的立场上,全力回应孩子当时所需要的一切。从这一点上来说,保育者的生活是非常他向的。在日常生活里我们固然也常会考虑到别人,但是教育工作可以说是把为他人考虑做到了极点。

我们必须更加重视和尊重教育工作。站在别人的立场上行动,不光需要体力,同时还需要转变自己的意识。由此,自己对别人来说会变得相对化,而当自己绝对化的时候就会丧失智慧。保育工作既是身体的行为,也是智慧的行为。

　　每当迎来新的一天时，常常感到身体非常疲劳。早上常常会想，今天还能坚持下去吗？昨天早上我就这样想过。可是，因为今天有两个老师感冒病休，我的身体顿时又紧绷起来。一投入工作，又像什么都没有发生过似的。就这样，我成就了更为不同的一天。虽然孩子们总是能让我精神百倍，但是如果我自己能够愉快地面对新的一天的话，那一天就会更加不同。保育者的每一天都可谓竭尽全力，深知每一天的工作是多么富有意义。

——摘自当时的日记

七

阻止身体惰性的力量

　　在早上开始一天的工作之前，即使做好了和孩子们认真接触的准备，一旦看到孩子们的面孔，也立刻会被卷入到那一天那一刻的状况里,被接二连三的各种事情追赶着,一天很快就过去了。一天的工作结束时,常常什么也想不起来,只是身体的疲劳好像是在证明自己做过了什么重要的事情。

我们在和每一个孩子接触的情景中,都尽力站在孩子的立场上回应孩子,因而消耗了大量的精力。可是,为什么工作结束的时候常常什么都想不起来呢? 我觉得这和教育工作是一项体力劳动有着很大的关系。用语言所表示的理念,如果不通过保育者的身体力行,是不能在孩子身上实现的。当理念转化成肉体活动的时候,每一个行为并不是最初的意识所能控制的。行为很多时候从整体上无意识地受到在身上沉淀的包括习惯性思维模式的左右。在体力性工作中,人会本能地不让自己身心疲惫,出现优先保护自己的自我护卫倾向。我们需要力量来阻止这样的身体惰性,回归到教育工作的原点上去。

我在多处强调过的有关“表现和理解”的教育实践在阻止惰性时会起到作用。在每一个具体的场合,面对孩子的行动有意识地抛弃成人的偏见,把孩子的行动看作是孩子内心的表现。教育工作就是不断更新的具体情景的连续,当保育者认识到这一点时,教育现场就会变成以孩子为主体的地方。

晚秋的一天,天气很暖和,在院子一角的跷跷板上,T 叉开腿坐在上面摇晃着。他身边没有一个人,我走过去向他伸出了手,他立刻抓住了我。在跷跷板的旁边立放着十几个旧轮胎,T 爬到上面很不稳定地骑在轮胎上摇晃着腿。我感觉到这孩子的心和生活也像这样处于不稳定状态。

年轻的实习老师 A 过来了。最近 A 和 T 十分亲近。A 说 T 是故意让自己不稳定的,就算掉下来他也无所谓。我在 T 上幼儿部时做过他的班主任。据我的经验,他是想成人能扶着他上高处去的。我们现在都在猜测 T 的心里在想些什么。和实习老师交谈着,他的看法让我感到吃惊，因为我的固有解释与此不合，我总是认为 T 想让人扶着到高处去。长年和 T 接触，我已经对 T 的行为见多不怪。但现在看来，一味地想在 T 身边扶着他的想法是可怕的。我对实习老师 A 说，你的看法很新鲜、很好。

我告诉 A，T 的父亲半年前去世了，他母亲最近也必须外出工作。当所有的情况都变得无法改变的时候，T 反而看上去比以前更有精神。班主任老师要通过亲切的关怀让 T 逐渐发现，他已经处在能预感到的最差状态里。对他来说，理解这个最差状态比怀着不安等待要容易接受。教师要让 T 抱有希望，这正是现在时刻的教育课题。

在我和 A 说话的时候，一个孩子和他的班主任 C 老师一起爬到一处很高的圆木头上。这个孩子不会说话，早上来校时大声地哭闹，全校都能听到他的哭声。后来他一直骑在 C 老师的肩上不下来。孩子好像在上学的路上受了什么刺激，虽然不知道具体为什么，但是我认为，一定是有什么事动摇了他本来觉得自己不会说话也没关系的信心。

孩子在从圆木头上通过时，有时候会放开手，看得我们胆战心惊。我一到他旁边他就对我笑，从圆木头上俯下身来亲一下我的脸。孩子拉着 C 老师，或者和我在圆木头上爬上爬下。我怀着珍惜之情，享受着这一段三人一起玩的平静时光，玩了很长时间。而这个孩子早已经不哭了，脸上露出了笑容。

放学以后，喝茶休息时，我又回想起白天的这一幕。

把孩子不断变化的行动作为"表现"来重新认识的时候，教师会抑制无意识的惰性来积极回应孩子。也就是说，教师能回到保育者的原点去，继而实际地、具体地展开以孩子为主体的教育工作。

我最近把上述想法和《儿童权利公约》结合在一起思考。以孩子为主体展开教育的教育哲学是长期以来国内外教育前辈寻找到的真理，时至 20 世纪末的现在，它已经不只限于个人的思想领域，而成为如《儿童权利条约》这样的国际共识。这样的共识具有重大的意义。保育者一方面要研究这一哲学思想的内涵,同时另一方面要在国际化的现代社会里,拓宽孩子的横向视野,研究把孩子当作是社会的责任者的课题。关于后者,需要另找时间更深入地思考。

我们不要被泛滥的信息所迷惑,和全世界的保育者一起,以这个保育者的原点为出发点,把自己周边的教育现场变成以孩子为主体的教育环境。这是所有教师在教育实践中的共同课题。

❤　❤　❤

八
融合教育①

四岁的 T 一边上着普通的幼儿园,一边上我校特殊教育的幼儿部。

他初来我校时,早上到校很晚,一来就先整个人钻进更衣柜里。他在确保了自己的空间以后再开始他的一天。他先和妈妈挥手告别,让妈妈回去,然后看见妈妈一走马上从更衣柜里钻出来,拎着他的盒饭到饭桌边。我拿出托盘给他,T 自己打开盒饭袋拿出盒饭来,再自己戴上围兜,打开盒饭的盖子看上好一会儿。很多时候,他不吃盒饭而嘴里念叨着"妈妈""妈妈"。我于是对他说:"是妈妈做的盒饭,对不对?"之后,他会把盒饭盖起来重新放回更衣柜里。母亲做的盒饭似乎成为家庭和

---

① 指残障儿童和健康儿童在一起接受教育。——译者注

学校的连接物,成为让孩子的心能面对外界的媒介。

饭盒放好后,T拉着我的手在上二楼的台阶上坐下来。这里的楼梯前几年铺上了红色绒缎地毯。有好几个孩子喜欢这里的楼梯,都爱在上楼的途中停下来坐下。连接上下空间的中间楼梯也是孩子们喜欢的场所之一。T上上下下了几次楼梯以后,在二楼一角的教室里和我互相嬉闹着玩。我们这样度过了差不多一个小时,然后他丢下我出去了。那以后这个孩子就开始自己的世界了。

我没有去跟着T,几天前腿脚不灵便的他一眨眼的工夫已不知跑到哪里去了,我找遍了几乎整个校园。在我找他时,他一个人在院子里和其他成人在木制平台上玩。这个挺着胸独自走着的孩子,看上去真像是一个小男子汉了。

T喜欢的游戏之一是把大型积木摞在一起。他一块块地抱来大积木放在地上,把三块摞成一堆后再摞另一堆。T好像从自己花力气搬运积木的行动中能获得成就感。到后来有些体力不支的时候,我帮着把积木一块块递给他。待他把所有的积木都摞完以后,我看到了这孩子整治出的秩序,很有意思。三四块积木摞成的座座"小山"形成了一个不太规则的半圆。当然,这基本上只算个很勉强的形状。T从积木山后面探出头来,和经过的人互相笑着玩。尽管这看上去不过是极简单的不值一提的积木游戏,但是T每次都能很用心地玩三十分钟左右。玩过以后他会排很多大便,就像完成了一项大工作一样。

有一天,来接他的母亲看到他玩的情况后告诉我,他在普通幼儿园里只要一开始玩积木,别的孩子就会来帮他,这孩子从来没有能够一个人玩到最后的时候。在家里玩积木时,比他小两岁的妹妹也总是在中途把他搭的积木弄坏。所以他没有一个可以让自己尽兴玩积木的地方。我认识到,就是这样不值一提的积木游戏,让孩子有了能按自己的节奏活动的场所!这并不是一件容易的事,这样的教育环境是每一个孩子都需要的。

T每天早上换衣服要花很长时间。他会挑选自己喜欢的内衣和外衣,并一定要按自己穿衣的顺序穿才行。如果不按他的做法就会大哭。幼儿园是九点开始上课,如果妈妈按照T的速度一定会迟到。对于非常了解孩子脾气的母亲来说,早上是一段十分矛盾的时间。我一直对幼儿园早上上课时间的死板规定抱有疑问,幼儿园应该想办法让家庭和幼儿园的生活能够很好地衔接和过渡。对孩子来说,符合其节奏的生活可以让他们情绪稳定,生活安定,也可以激发孩子前进的欲望。特别是残障孩子,晚上有时会睡不好,很多时候孩子身体不适。作为幼儿园,应该配合孩子的情况调整作息时间,让孩子和家长都更加方便一些。

T在上半天和成人一起玩,之后会自己活动。有时候,这孩子会一整天都不离成人的左右。这样的情况多发生在幼儿园的运动会或节日庆祝会的时候。在T的幼儿园里,每天的生活本来是比较轻松的,但是到了有大型活动的时候,幼儿园就不能再按照孩子们自己的节奏行事了。老师的精力基本上都放在大型活动的准备上,不再注意孩子们生活中的方方面面。尽管大型活动的举行方法因园而异,不能一概而论,但在准备秋季运动会、圣诞庆祝会等活动期间,对残障孩子来说,每天都是与紧张感为伴,尤其是练习的时候问题更多。大型活动的当天倒是因为热闹,每个孩子都能很开心。但是准备大型活动的紧张感给残障儿带来了极大的压力,即使正常孩子也会有不同程度的压力。这是我观察了我校很多孩子后发现的令我思考的问题。

融合教育的根本是让每一个孩子都能够以自己的自然状态生活。如果成人心里急切希望孩子能按自己的目标那样进步,哪怕只有一点儿这样的想法,孩子都马上能够察觉到。只有在孩子周围的人和孩子自身都认可一个目标,孩子可以按自然状态行动的前提下才能开始融合教育。

♥　♥　♥

九
保育的根本在这里

递出去和接过来

我和三岁的 Y 一起吃盒饭。

Y 把放在手边的铅笔和折纸一样一样地递给我。我一样一样认真地接过来。然后我再把手边的东西递给他，他也伸出手来接了过去。我们这样反复了多次，通过这样的反复传递，我感到孩子和我在一起有了安心感。

内和外

Y 开始把放在手边的折纸和蜡笔放进杯子里，他觉得这样做很有意思，还把好几个杯子排放在一起。在他旁边放着一个瓦楞纸纸箱，Y 站进纸箱里笑了。我蹲下身子让 Y 看不见我，再露出脸看 Y，他就呵呵地笑。这样玩了很多次，Y 非常高兴。这类把里面的东西拿出来，或把外面的东西放进去的游戏，我将之称作基本经验。这样的经验是有生命力的。孩子很喜欢玩这样的游戏，乐此不疲。这样的生命力也会传给一起玩的成人。

在孩子后面的水槽那里，一个实习老师在洗笔。Y 听到声音便扭过头去看，立刻从纸箱里出来走过去。我拿出笔和颜料给 Y，他连看都不看。他在水槽那里把容器里装满水，再倒在旁边的水槽里或倒进别的容器里。玩着玩着，他把水往水槽外面倒。这是把里面的东西倒到外面，再把外面的东西倒到里面的游戏。我马上用抹布把水擦干，给 Y 卷起袖子，可他还是一点点地把衬衣弄湿了。Y 把水倒进自己的衣服口袋里，然后还自己进到水槽里去，最后自己结束了这个游戏。

这是非常正常的三岁孩子的游戏。当孩子觉得和我在一起很安心的时候，他就开始了任何人在孩提时代都会学做、会做还能将之发展的"内和外"的游戏。

这孩子患有唐氏综合征。但是在教育上并没有专门的唐氏综合征儿童的教育，同样也没有专门的其他各类残障儿童的教育教学形式。

在 Y 的家里，年轻的父母、祖父母都说这孩子是家庭的阳光。

在学校院子里，K 和妈妈在一个低台子那里上上下下。当 K 从台子上下来的时候，很偶然地跑到了我这里，我马上伸开双手迎接他。可是 K 却转开视线，跑回到他妈妈那里。他妈妈说"他害羞了"，想替孩子解释。这时这个孩子尽管不敢看我，却一点点地向我靠近。很明显，孩子对我感兴趣。我尽量保持安静，把一个小铲子递给他，因为我觉得小铲子比我的手容易让孩子接近。孩子来来回回了好几次，终于从我的手里接过了小铲子。之后他用手触摸我放在手掌里的沙子，不知什么时候他开始和我一起在沙场里玩起游戏来。

在和孩子接触的时候，如果好好观察，很快就能发现，要接近这样的孩子必须一点一点地不声不响地行动。这倒不是因为他有自闭症才需要这样。

K 突然靠到我背上，好像这个依靠的人是不是我都觉得很好似的。他的腿紧绷着让我很难背。他母亲不带任何掩饰地说："孩子在家里的时候心情很好,现在心里很混乱。"这位母亲镇定地接受了孩子最近常常一人独自玩的这一变化。现在,她理解了孩子发生了某些变化,知道孩子有他自己的困惑,而下决心和孩子好好地相互交往。有一个时期,当这位母亲在保健所被告知孩子是自闭症时,曾一度丧失过教育孩子的信心。现在这位母亲的思想已经转变,不再认为自闭症是不治之症了。保育者由于懂得仔细地观察孩子的情况,应答孩子,所以能够体验到和孩子心与心沟通的喜悦。

十

负 担

有孩子相伴左右的生活是成人的一种幸福。

有一段时间我忙碌于很多琐事,有时候会把生活中的烦恼带到学校来。这种时候如果孩子来到我身旁,就能马上提醒我想到做人的根本,让我在一个别于先前的层次上开始工作。

在《圣经》中有这样一段:耶稣对"有钱的年轻人"说,有钱人想要进入神的国度是多么的困难,相比之下让骆驼穿过针眼儿好像更容易一些。因为有钱的年轻人心里有太多放不下的欲望,在这样的心理状态下,是没有可能造访"神的国度"的,也没有可能拥有内心的平静。几天来我一直在思考着这段话。

T这孩子每天都要和我静静地待一会儿之后才能开始一天的生

活。有一天,我和 T 在一起的时候,无意中与四月入学的 D 目光相遇了。D 看着我笑了。

D 总是往三轮车前面的车筐里放进满满的长毛绒玩具和电车玩具,无论是谁,只要碰到了他放进去的东西,他就会大声喊叫起来。D 的背上总是背着一个双肩书包,盒饭吃了一半他会把剩下的饭放回到背包里一直到回家。这孩子不会说话,但他有很多放不下的喜欢的东西和想做的事情。这一天,D 的笑脸让我印象深刻。

到了中午,几个孩子在新做好的尚余木香的架子里钻进钻出。有的孩子把长毛绒玩具拿进去,愉快地玩着"里面和外面"的游戏。Y 在架子上发现了塑料橘子瓣儿,便放进我嘴里,我装着吃了下去,其实是握在了手里。Y 马上掰开我的手说"橘子在这里"。就这样我们玩了好几次。这时我忽然发现,D 正用脚在勾我的脚,一点一点地像要把我勾过去,想带我去什么地方似的。我看到他用手拿着装着塑料葡萄和香蕉的小容器,所以不能用手把我拉走。他虽然看不到我的脸,却用脚来拉。

我和 D 一起去到二楼,他把塑料水果放进烤箱里让我看。Y 追着我们到了二楼,我陪 Y 玩,D 时不时地跑到我和 Y 的地方笑笑。这时,Y 的塑料橘子瓣儿和 D 的装着塑料水果的容器在我的脑子里重叠了起来。D 常常看到我和 Y 在一起,也想和我一起玩。夹在两个孩子之间,我尽量做到都能顾及。

这天中午,骑在三轮车上的 D 没有背他的背包,车筐里也没有放任何东西。

我不知道 D 以前的生活是怎样的,但是我知道他肩负了太多背不动也拿不了的东西。把孩子的情况和我自身的生活相比较,有时会觉得相似而苦笑。别的孩子只要稍微动一下他的东西,他就会很大声地喊叫,这说明孩子的内心是非常不平静的。怎样做才能让他的心里轻松呢,我和幼儿部的老师们经常一起商量。

　　这孩子对他人的期待十分敏感,能力又比较强,但是,不能因为他有能力就以我们的期待给他施加压力。我们只能希望现在发生的每件事都对他有意义,让他能够愉快地度过每一天。

　　其实无论哪一个孩子都会有很多负担,我希望让孩子从负担中解放出来,能按他们的本真状态真实地生活在现在。怎么做才能达成这个愿望呢?看来不可能简单地找到答案。怀着同样愿望生活着的成人们,在教育现场一起探究这个问题的答案吧。

　　是孩子让人的本源富有生命力,与他们一起生活真是令人心怀感激的事情。

❤　❤　❤

十一

和孩子外出

　　孩子从幼儿期到儿童期,再到青年期,在各个时期中都会与社会产生碰撞。孩子能够按照社会常识行事是需要相当长的适应时间的。保育者要站在孩子和社会之间调解两方的关系。在这个调解过程中,一个和现在不同的新社会将被创造出来。

　　有一天,D骑着自行车,我也骑着自行车一起在院子里转。我骑了一圈转回来时,看见D在那里哭。我以为是因为我超了他的车,其实不是。原因是D想骑着车从校门出去,我告诉他不行,要出去得先穿好鞋。他一听就赶紧穿好了鞋,很容易地把校门上的栓给打开了。这时在一旁的我飞快地跑上去想拦住他。

我本想让孩子们尽量在校园内活动。可有的孩子到了一定时期却无论如何也想出去。事后想想孩子们都有自己的理由,但是当时对让不让他们出去,我是十分犹豫的。以前也有好几个孩子闹着出去,有的几个星期后就不想出去了,有的却很长时间里都想要出去。

奔跑

D一溜烟儿地跑出去了。跑过了学校旁边的小公园。我想拉住他,他就大声喊。孩子拼命跑,是因为不想被我抓住。实际上,当D明白了和我可以一起到达他想去的地方时,他就不再跑而变成走了。D这一天是第一次出校,不知道他要去哪里,我只能在后面紧追,终于在人行横道处追上了他。

超市

D跑进了人行横道正对面的超市,在超市里跑来跑去。一开始我和孩子一起跑,后来意识到成人跑很扎眼,于是就像一般顾客一样走,在超市里转了几圈。这时我想起了一年前大女儿一家来我这里时,我妻子带三岁的外孙到超市买东西的情况。三岁小孩在店里跑来跑去,想从货架上取商品。我妻子一开始吓坏了,想制止他,孩子反而更加胡闹起来。在远离城市的郊区生活的外孙以前没上过大超市。看到这么多的食品摆放着,变得不知所措了。我妻子当时为把孩子要的商品买下来,结果连自己要买的东西都顾不上就回家了。这天晚上我回到家里看见妻子已经身心疲惫。在这个物质充斥的现代社会里,用什么办法来对付孩子的欲望呢?第二天,妻子带了好几张一万日元的钞票去超市,她决定无论外孙挑选的什么她都不阻拦。后来在超市里,祖孙间一边买东西一边进行着这样的对话："上次买的'米饭伴侣'①不好吃"，"给小孩吃的咖喱没有给大人吃的好吃"等等。一年后的现在，外孙一到我们家就先让外婆带他去超市买他需要的所有东西，这成了外孙的一大乐事。他现在买东西的时候已经可以考虑到别人的需要，比如说给爸爸买日式煎饼，给妹妹买做蛋糕的材料等等。

自己的选择

那一天，D在超市里把很多商品拿在手里，后来又放了回去。最后，他拿了黄油和炸土豆片。很明显这是他自己选择的。黄油是在冷藏食品架最上面的一层，是D让我抱着才取下来的。可我没有带钱包，又没办法阻止D，只要我一碰他的东西，他就大声地喊，这下怎么办呢？在收银处我告诉售货员没带钱来，十五分钟以后把钱送来，售货员尽管很为难，还是把商品给了我。

D在公园里奔跑，玩了一会儿秋千。这段时间我没有一人回学校去取钱包，我想让孩子和我一起回去，让他体验一下。于是我对他说："我们回学校去取钱包，再回超市来付钱。"这样一说，D嘴里念着"钱包、钱包"，径直回到学校。然后一眨眼的工夫，他拿着一张一千日元的钞票跑到超市，在收银台自己付了钱。就像这样，我们结束了一连串的外出活动。最初我不了解孩子的意图，只是和他一起跑，但后来我感到满意，孩子也很满意。我非常感谢超市售货员对我们的宽容。回到学校时，大家都说D的表现好极了。这一天D在学校玩到下午四点多才回家。

---

① 日本特有的一种佐餐食品，有各种味道，呈粉粒状，洒在米饭上和米饭一起食用。——译者注

第二天

第二天,D 的母亲一来学校就向我汇报,说昨天 D 一回家就马上从购物袋里拿出黄油来让妈妈做给他吃,而炸土豆片他连包装都没有打开,小心翼翼地放在枕边一起睡觉。今天 D 又把炸土豆片放进购物袋里拿到学校来了。我意识到,昨天的经历在 D 的心里留下了十分重要的东西,我非常高兴。今天,这个孩子总是跟在我后面一起走。

背包

不久前,D 在玩的时候,把一年多来都没有从背上放下来过的背包放下来了。昨天他还把背包留在学校里就回家了。孩子已经意识到,把负担从肩上卸下来后会变得更加自由,他开始对外界的事物产生了兴趣。从那以后,我们常常带这孩子到学校外面去。当然,伴随着孩子接触外面的世界而产生出的矛盾势必也多起来。关于这一话题另找机会再谈。

在同学会上

D 五岁了。应当在幼儿时代经历和学会的事情,如果放到初中或高中去经历和学习,一定会增加他的困难。

几天前开同学会的时候,一位母亲说:"本该在初中才去购物的,可是现在就带去了。D 不会说话,老师就让他拿着画着鸡蛋的卡片去买鸡蛋,在超市让他练习看卡片买东西。这样的练习固然有老师的意图,但是这孩子是认识鸡蛋的,他并不需要卡片,所以他觉得自己没有得到老师的信赖,对去超市购物的活动也就不感兴趣了。让孩子们早一点有购物体验本来是件好事,可是……"

现在在区立特殊教育学校上高中部的 O，在我校上小学高年级的时候，喜欢和老师外出，常常从日本桥的银行、证券公司那里拿回很多广告宣传单。他母亲说，最近，他晚上常一个人出去，不得不老是盯着他。我想，他的家人如果更多地了解一些情况，分析一下 O 有什么地方想去就好了。因为 O 现在学校的老师不明白他想去哪儿，所以他只有回家以后才能找机会出去。我想起上次同学会时，O 回到我校，和以前的班主任 N 老师一起去地下室。O 好像是要找什么，看上去心情浮躁、行动混乱。过了一会儿弄明白了，他是在找报纸。他拿着报纸回到教室，把感兴趣的广告都剪下来，就这样他找回了本来的自己。我认为，晚上他想一个人跑到外面去的时候，心里一定也有这样的混乱。这次和他一起来参加同学会的上初中的他妹妹说："昨天晚上有两个小时全家人到处都找不到 O。"我说："那真是太辛苦你们了。"他妹妹听了笑着回答："没什么，我们是兄妹嘛。"全家人都围着这个孩子转，无论发生什么事情大家都齐心合力，家人这种义不容辞的姿态让我感到了力量和希望。

随着孩子的成长，外出的机会越来越多，他们和社会摩擦的机会也随之增加。在那种时候，我总是认为，因为这是文化社会中的现象，所以每当直面那种现实的时候，都应追究与社会文化的联系。决不能强行要求孩子服从成人的常识。所谓文化性的东西，换言之，即为人性的东西。也就是说，立足于相互对等的人际关系的交往，是以对方的眼光来看事物，改变自己的看法，尊重本人的选择，在现实社会中思考实现这一切的方法，让每个人的生命力发出光彩，在此基础上让社会整体的生命力得以提升。

在世界范围内，如果要把"为了一切人的教育"的理念变革为"为了一切人的社会"，一定会有许多困惑和苦痛。

十二

孩子梦想着的小小幸福

一个情景

D在教室的桌上吃杯装快餐面。他时不时地对坐在旁边的我笑一笑。他好像心里很高兴,让我也跟着觉得很幸福。这杯面是昨天他和妈妈一起去买的。回家后他说:"明天当午饭。"就自己把杯面装进了背包。一到学校,他就马上把杯面从背包里拿出来,让我给他加开水。从昨天开始,他就期待着能在学校吃这杯面,他现在正在体味着吃杯面的快乐。教室虽然还是平时的教室,可是却洋溢着一种温暖幸福的气氛。

以前不会说话的D,当有人碰了他的东西或有什么意图想向成人传达时,只会大声地喊叫。现在他鼓起勇气说出了"明天当午饭"这句话,是因为他心里有一个非常强烈的愿望,他期待着第二天到学校和我在桌上一起吃杯面。

D吃杯面的时候,别的孩子也过来了,有个孩子伸手想要D的面。我不想破坏D现在的幸福感,推开了那孩子的手。D看着,吃完了嘴里的面以后,把剩下的一点面递给了那孩子。那孩子也明白是D把面分给了他,接过来安静地吃完走了。

在教育现场,如果从外部观察,各人会根据自己的标准作出各种评价和判断。但是,在每一个情景中都有孩子各自的内心愿望。我们重点想培养的正是孩子这样的作为人的愿望和想法。

一起在餐厅吃饭

这几个月,D一到中午就拉着我的手想到外面去。一开始,我不知道他想去什么地方,这个孩子就自己打开门跑出去。离他距离最近的我常常连考虑的余地都没有,只有赶紧追出去。虽然还在上幼儿部,可D的体格已经和三年级的小学生差不多了。他跑在我前面,穿过学校旁边的小公园。我一边追着,一边注意到这孩子跑跑停停地在看我。

后来第二次再追他时,我就不跑了,只走着跟上他。现在因为我们已有约定,所以D外出都是慢慢走,有时候还和我拉着手。我现在明白了,如果追孩子,会让他误解,以为我不准他跑到自己想去的地方。

这次D先去了麦当劳,然后去了超市。在麦当劳,他用手指他想要的东西,一开始我不明白,D就大声地叫,周围的人都很惊讶。D很清楚自己想要什么,是中号的炸薯条和奶油冰淇淋。我明白了他的意思,和他一起坐到桌子上。这样的时候D很高兴,在餐厅的桌子前和我面对面坐着吃东西,看着我的脸笑了好几次。我们看上去像是爷孙在一起吃饭。我想,这孩子之所以跑,或许是因为在他心底想和成人一起度过这样幸福的时光。和某人一起共进一餐的幸福感每个人的心中都期盼着,奔跑着想去的地方有他期待的东西,不只是外在的目标物,他期待超过目标物的更高层次的东西。

买东西

D跑进了超市。在超市里,在孩子视线所及的范围内,买孩子想要的东西。当 D 一跑进超市时,我就决定通过给他买他想要的东西,让他慢慢弄清楚自己想要什么。

最初 D 放到购物筐里的东西是咖喱调料,冷冻土豆和切成小块的肉。之后他又拿了一袋零食,推着购物车转了几圈之后,就去到收银台。D 非常喜欢吃咖喱饭,结果他买了做咖喱饭的材料。回家后马上就让妈妈给他做咖喱饭。尽管 D 每次买的东西有一点不同,但都是做咖喱饭用的材料。我明白这个特点以后,每次陪他去超市就变得轻松了。在这一点上,可以说 D 清楚地有自己的想法。只是在遇到什么不如意的事情发生时,他就会大喊起来,引起超市里其他顾客的注意。为了不让他更多地影响到别人,我会制止他。这一来往往会影响他的情绪,使他陷入混乱的状态。

如果在超市买东西时有他不如意的事发生,回学校经过小公园的时候,他就一定要进到公园的水池里去玩。多数时候我都满足了 D 的愿望。但是这次我告诉他要听我的,我半拖半拉地把他带回了学校。这种情况使我非常疲惫,D 也同样如此。这种情况偶尔发生,即使如此,回到学校以后,D 还是会跟着我骑着自行车在学校里转着玩。

固定的模式

D 常常不来学校,我也因为工作有时不在学校,但是每逢星期三都会按约定,两个人一起外出。

从最近开始外出的模式固定下来以后,我可以很轻松地陪他了。不过有时候也会发生和平时不一样的情况。在麦当劳有时候他想要吃汉堡包,可是不知情的我却照常规买了炸薯条和奶油冰淇淋。那时候他就会不满地叫喊。他的叫喊让我明白了,不能总套用固定的模式判断其需要,每次都要给他自己选择的机会。

有一天,在超市里他把一大盒冰淇淋放进购物篮时,我表示不悦。

但一到学校，D马上把那一大盒冰淇淋拿到教室的桌子上。我立刻明白了他是想把冰淇淋分给大家。于是我拿出盘子，一时间他的周围热闹起来，围了很多孩子，D看上去很满足。以前，别人只要稍微碰一下他的东西，他都会大闹起来，而现在，脑子里也能想到和别的孩子分享在超市里买的冰淇淋了。

通过这件事，我注意到自己总是期待今天和昨天一样，以为有同样的事情发生，无意之中想把孩子固定在一个模式里。而孩子每天却在想着不同的事情！虽然每天做同样的事会感到稳定，但是，一定要看到这一天和另一天是不同的。

一起裹上毯子

D外出回来后就把自己的毛毯和被子拿出去，挂在院子里的吊床上。接着把自己的衣服和裤子都脱掉，光着身子，拉着我的手爬上吊床，用毯子把自己裹住。有时他让我把我的盒饭也拿到吊床那里，和他一起吃。这种情况持续了两个星期。即使裹着毯子，冬天的户外也是很冷的，尤其当云遮住阳光的时候，天气会一下子变得很冷。这时，当光着身子的D靠近我的时候，我不能轻易地拒绝他，我感觉到肌肤相触的亲切感。

当孩子脱光衣服时，他觉得摆脱了社会和心理的束缚，似乎从现在开始，是他可以尽兴地玩的时候了。在观察过很多孩子以后，我认为这样的判断是不会错的。

D以前背上一直背着背包，哪怕是玩的时候，回家的时候，都一直不放下来。我觉得他有背负不了的心理负担，他是想从负担中解放出来的。现在他把背包放下来了，连衣服也都脱掉了。

前面说过，D放下背包是在他第一次跑出学校，去超市买东西和去麦当劳吃东西之后。因为那次外出不是去散步，也不是去看电车，外出

　　的活动内容是由他自己选择的。D梦想着和家人一起在餐厅吃饭，一起去买东西。当孩子顺利地达到他的目的时，他显得很幸福。D的心理在一点点地变化。我想帮孩子实现他的梦想。

第 七 章

保育者的视野

地平线可以防止人迷失方向。

——布鲁诺

一

深层次的视野

记忆里的时间

一月中旬的一天,M 和父母、妹妹一起来到我校。M 去年从我校幼儿部毕业转学去了别的特殊教育学校。M 的突然出现让我一时愣住了,我正在教室里和别的孩子玩。站在我面前的 M 比以前长高了。M 也看见了我,马上表现出很亲近的样子。她母亲马上对 M 说:"你还记得津守老师吧。"M 没有任何反应,弄不清她是否还记得我。她父亲也笑着对我打招呼。

M 一开始只是站在那里,很长时间动也不动。后来,终于去拉放在她脚边的玩具电车。当电车遇到障碍物时,我伸手帮她拉动了。从这个时候开始，为了给这个孩子表现出的能动性助一臂之力，我和她一起滑滑梯，对她笑。对 M 来讲，这个环境和这里的人从现在起才开始对她有了意义。

M 看见婴儿车问："是给小婴儿坐的吗？"我想起了 M 上幼儿部的时候，她妹妹刚刚度过婴儿期。她母亲拿来了照片，给我们介绍 M 在新学校的情况，说 M 刚进新学校时很拘束，有时她不能跟上班里的孩子，比如当别人都换好运动服时，只有她忘记换。现在的 M 已经完全习惯了新学校的生活。

在院子的一角，有最近新装上的跷跷板。M 坐在这个跷跷板上开始玩，我坐在跷跷板的另一端，两个人上上下下地玩起来。天暗下来，冷了起来。因为 M 玩得十分高兴，我也坚持着和她一起玩。

这时，从附近施工的地方突然传出"嘣一"的金属撞击声，M 哈哈地笑了。有可以让 M 开心笑笑的东西，我也感到很高兴。我们一起笑了好多次，再有"嘣一"的声音传来时，M 笑着说："嘣一，在放屁。"我们的世界变得只有笑，忘记了寒冷，忘记了跷跷板，只有孩子和我的世界。

在欢笑的世界里，没有对未来的担心，没有过去的痛苦，冲破了现实里的一切约束，是另外的一个世界。我觉得沉浸在一个又宽又深的世界里，真舍不得这样的时光离去。存在于现在这个时刻本身就具有价值，这是一个和孩子共有的世界。

我们这样笑着，M 突然说："我来过这里！"在和我不停地笑的过程中，她猛然意识到这是她以前曾体验过的同一个世界。

两年半以前，我和 M 一起有过多次像现在这样忘乎所以地玩的经历。最初一次是在夏天，在沙坑里别的孩子把沙子扬到了她身上，M 跑到我后面，"啊，啊"地叫着躲避，很开心地一起玩了三十分钟左右。一周后，又在沙坑里遇到 M。我一边说这是团子，一边把沙子递给她。M 说："是大便团子，不是小便。"M 那个时候因为家里搬家，害怕上新家的厕所，为了排泄的事，父母和她都很烦恼。这时 M 在盘子里装上沙子递给我，我正要接过来，她却把沙子撒在我身上笑了。我递盘子给她，她就把盘子里的沙子撒到我身上。我也往她身上撒沙子，这样互相撒着，一起笑着。

又过了一个星期，来到院子里的 M 看见我就笑了。院子里的桌子上放着笔和颜料。M 拿起笔，把我的胳膊涂上颜色。接着她用手在自己的胳膊上也涂满了颜色。我用颜料在纸上开始画画，M 却看都不看，朝我的脸上涂颜色。因为我站着她够不着，于是她只能在我的衬衫上涂上红、白、蓝等颜色。玩得差不多了后，她叫我一起去洗手。M 玩得很有节制，看上去并不是特别开心。要回家时，她母亲说，M 今天早上从家出来时说，要和津守老师一起玩。我当时非常后悔没有和孩子痛痛快快地玩。如果是现在，我会和 M 玩得非常尽兴。当时能够像现在这样早一点儿理解孩子的话，我会认识到，当信赖关系建立时，M 用颜料涂我的脸是想确认我的存在。我无论怎样都会让孩子在那个场合快乐地度过。我带着对自己工作方法的不满进入了暑假。那以后很长时间都没有再接触 M 的机会。

十一月的某天，M 拉着我的手去后院的沙坑。M 看见手里的容器上粘着湿乎乎的沙子就说："真脏。"我说："用干沙子可以弄干净。"M 就把干沙子装进容器里，从我的头上把沙子倒下来。"头和身体也要洗一洗。嘴里也洗一洗。"她这样说着把我全身都撒上了沙子。那个时期正是我必须做出选择的时期，是和残障儿童生活在一起，还是到大学去任教。我当时下不了决心，摇摆不定。我对这些孩子好像有一种罪恶感，当 M 从我头上撒沙子的时候，我想随她摆布好了。这虽然是我特殊条件下的心理在起作用，但是这样的任其摆布却产生了对 M 的活动全面配合的效果。我们互相往对方身上撒沙子，我和 M 一起发自内心地笑了。

那以后,M 和我可以在各种各样的场地玩游戏,做娃娃家游戏,扮鬼游戏等等。在有着排泄问题、恐惧问题的这个孩子身上,我有了很多的思考,我和孩子也常常互相笑着结束我们的游戏。正好在两年前的一月里,我们像往常一样玩完了娃娃上厕所的游戏之后,在户外的滑梯顶上,我和 M 一起躺着,一边看着蓝天,一边玩着打针的游戏,一边笑着,忘记了周围的一切,愉快地度过了那段时间。我一直对那段体验难以忘怀。

不仅是我,M 也有相同的体验,两年后我们再见面的时候,她想确认这段记忆。当 M 说"我来过这里"的时候,其实那个跷跷板是两年前还没有的新玩具,所以她看到的这个跷跷板不是她记忆里的东西。很明显,她以前游戏的体验变成了记忆,现在这些存储物被唤醒了。这件事让我认识到孩子的时间与成人的时间有着不同的性质。

孩子的生活时间,与按照成人预定的活动流逝的时间,与按照一定的顺序直线流逝的时间有不同的层次。孩子的时间是从过去和未来的束缚中解放出来的,是人能像人一样生活的根源性时间。和直线式的时间对比一下,孩子的时间可以在一个瞬间深深地挖掘下去,可以说是没有时间的时间。在这样的时间里人才能够具有积极性和创造性。

平时被直线式的时间束缚着的成人,也想把孩子束缚在直线式的时间里。孩子在某种程度上会服从,但是孩子生活的本色并不是直线式的时间,是存在于根源性的时间里的。一开始成人需要做出努力,但是通过参与孩子的生活,可以分享和体验孩子的时间。就像刚才记述的那样,这个过程循序渐进,突然之间双方会向对方开放自己。那时候,孩子开始生活在自己的世界里,成人也会发现在自己的根基里也有孩子的世界。

孩子生活的根源性时间在有孩子的地方随处可见。当我们敞开心扉生活在孩子的时间里的时候,才能成为一个好的保育者。

　　　和孩子心灵沟通过的记忆，即使经过很长时间，也会保留在保育者的心里，有很多机会让我发现孩子也同样有这样的记忆。有时候我会很惊讶，孩子竟能记住某一个情景。保育者在教育现场和孩子忙碌地沟通着，在工作中和孩子进行着深层的沟通。这样的记忆直到现在，也是保育者和孩子相互的生活动力。

——摘自当时的日记

再次见面

　　1992年的夏天，参加完在美国亚利桑那举行的世界学前教育组织大会回来的路上，我去旧金山走访以前上过我校的H的家。十年前我刚到特殊教育学校工作的第一天，H和他的父母、弟弟们一起来到了学校（参照第一章）。他弟弟们马上就活跃地玩起来，H却站在沙坑那儿不动。为了让这孩子能够安心地玩，我走进沙坑一点点地接近他。从那时起，这孩子开始对我亲近起来。由于那天是我开始新的工作的第一天，所以我非常用心地和孩子接触。从这以后，这孩子给我带来了很多课题。有一个时期，他总是把吃剩下的一半盒饭扔到地上，我不知道该怎么办好，很是苦恼。有一次，我忽然想，这是不是孩子想对我诉说什么。H最喜欢的点心也是只吃一半，把剩下的一半弄得不能吃。原来，他这样的行为是表达一种对自己的不满，觉得自己做的事都没能做好。当我意识到这一点后，他无论做什么事，我都好好地配合他，直到他自己满意为止，为此我付出了很多努力。从那以后，他扔食物的行为变得非常少。在和这个孩子接触以前，我只认识到重视幼儿自己开始的行为是教育实践的出发点，但是和这孩子接触以后，我发现让孩子把他想做的事做到他自己满意为止也同样重要。

H在我校幼儿部大概待了三年时间，后来因为他父亲工作的关系去了美国。孩子的母亲有时给我寄来她亲手做的巧克力或圣诞卡，告诉我这孩子常常念叨我的名字。在美国，这个孩子上了特殊教育学校小学部。当学校根据行动疗法理论，针对他总是爱把手放在头发上的毛病为他设计了治疗方案时，他的父母去了学校。他父母告诉学校，孩子这样的毛病做家长的并不介意，家长只是想让孩子的生活快乐一些。学校的老师马上听取了家长的意见，修改了方案。我非常佩服孩子家长的见识。几年前，H在美国的老师来日本旅行的时候，特意抽出一天的时间访问了我校。那位老师是一个稳重谨慎的女士，她很详细地告诉了我们H的情况。我也把H在我校的生活很详细地告诉了她。比如在周围很嘈杂的时候，他会跑到厕所的一角，用黑色的颜料把纸涂满，再把涂的纸从厕所里冲走。当我告诉她，H喜欢从老师们的抽屉里拿出照片来看时，她说如同自己亲眼见到了那些情景一样。我们在愉快地交谈后告别了。

这次正好是七年以后，我亲自去看望H。在幼儿期，这孩子尽管不断有烦恼，但是过得很愉快。虽然幼儿期的事作为重要的记忆在H的脑中保留着，但事隔多年，我决心把和他的再会面当作一次新的接触。

从飞机上看到亚利桑那炎热沙漠的岩石山，好像是从菲尼克斯一直绵延到旧金山都市的边际。在机场一下飞机，感到如同另一个世界一般的凉爽。到达饭店后的第二天一早，H的父亲开车来接我。H因为要和我见面，从早上开始就有些不一样了。在车里这孩子蜷缩在我的腋下，过了一会儿把脚搭在我肩上，时不时地看看我。终于可以用脚碰到我了，他好像在用这种方式和我打招呼，他不好意思从正面看我。我能感到孩子的心里在为我们的再次见面而兴奋着。三十分钟的车程到了H家。H的家在郊外，是美国西海岸特有的平房建筑，有一个很大的院子。已经上中学一年级的H还没有我高，不过体格已经和幼儿时不同了。较之以前，他的父亲变得更加开朗和善于交际。他父亲说请我喝"津守果汁"，从厨房把盒装的果汁拿到客厅里来。我不明白是什么意思，他父亲告诉我，H把这种印有保罗·纽曼头像的果汁叫做"津守果汁"。当我知道，我全身心投入和孩子度过的每一天，孩子是以这样的方式来记忆时，全身都感动得颤抖起来。更让我意识到，孩子对在他不安定的时期保护过他的成人的记忆，会永远留在他的心里。这也让我重新认识到，在每天的教育工作中，把孩子的行动作为孩子的心理表现进行教育，虽然需要冒险精神，但是我那样做是正确的。

在院子里，我们吃着孩子母亲亲手做的墨西哥风味的饭菜。我发现这个孩子虽然在旁边蹦蹦跳跳，有时候却躲进房间的一角，时不时地看看我们这里。他母亲一去厨房他就跟过去，用勺子搅拌小盆里的酸奶后再放进冰箱，这个行为和他幼儿时期是一样的。我在H家待了几个小时准备告辞的时候，他坐到了我的腿上，看着我，脸上浮现出和幼儿时期同样的笑容。我因为要去机场赶飞机，必须和他们分手了。

在某一个时期，一天一天地尽最大努力帮助孩子们的那些记忆，让我永生难忘。与老师们一起度过的日子对孩子们来说同样也是难忘的。但是老师和孩子能够互相确认这些记忆的机会却很少很少。这次再见到H，从这个意义上讲对我有非常珍贵的意义。再次相会，在两个人分手以后各自又经历了一段人生之后。虽然伴随着对过去记忆的怀念,但并不仅是如此。那个时候,彼此之间从对方那里也获得了生存的力量,再次见面之后,彼此会带着相同的力量继续走各自不同的路。

H 的父亲兴奋地说,他还准备在美国待十年继续从事现在的工作。在 H 弟弟们的桌子上摆着几个奖杯。孩子们的学校不光只给优胜者奖杯,奖杯也同样颁发给参加了竞技的所有的人。告诉我这个情况的时候,H 母亲的表情是非常愉快的,受到学校支持和鼓励的家庭在前进着,我也受到鼓舞踏上了归途。

♥ ♥ ♥

二
历史的视野——我生活的 20 世纪

处在中年期的保育者跨越了个人的人生,亲历历史,肩负着时代的课题而生活着。

我的教育工作实践和任何地方的保育都有共通性。在我的意识里,我的教育实践是处在 20 世纪前半叶的历史延长线上。即便不是有意这样想,在一个保育者的心里,也总是存留着自己孩童时代以及成其背景的当时社会的印象。在安排一天的教育工作时,在意识的深处总浮现着创造历史的前辈们的身影。

《儿童的世纪》

我在 20 世纪的前半叶出生,并度过了童年时代。我上过三年幼儿园。至今还清楚地记得,有一次在幼儿园里看见了一种新添的"希尔积木"。后来,直到我从事教育专业工作以后,才知道帕蒂·希尔是美国进步主义教育的领袖人物。20 世纪前半期儿童心理学开始崛起,在世界各地新教育被推广。在日本正是仓桥惣三①提倡以游戏为中心进行幼儿教育的时代(参考《幼儿园的历史》)。

20 世纪初,埃伦·凯②撰写了《儿童的世纪》,这本书很快在全世界被译成数种语言。在大正③初期(20 世纪初),这本书被翻译到了日本。此书的作者希望 20 世纪成为儿童幸福的世纪。在 20 世纪即将结束的现在,在历史中我们看到了答案。20 世纪前半叶的新教育运动是符合儿童世纪的思想的,但是经历了两次世界大战后再看现代的孩子时,把20 世纪称作"儿童的世纪"就显得非常勉强了。

日本经历了 20 世纪前半叶的第二次世界大战和战败,我从心里期望着为和平而工作。到 20 世纪后半叶,作为保育者的我,认为这个时代对孩子来说是不幸福的,尤其因为是干教育,更觉得问题比较严重。诸如教育中以重视科学依据为借口,而实际上侵害了孩子的游戏,孩子的居住环境中自然被破坏,没有游戏场所,游戏时间被减少,等等。这些都是从 60 年代开始的。最近儿童自杀的惨痛事态还在扩大。再把目光转向世界,现在的孩子是战争和贫困的牺牲品。在世界史中,如此众多的儿童受到人为伤害的时代并不多。20 世纪不是"儿童的世纪"。正是由于这样的状况,1989 年《儿童权利公约》被世界各国所公认。在OMEP(世界学前教育组织)的世界大会上(1995 年在日本横滨举行)能够看到的事实是,主张站在孩子的立场上进行教育工作的人在世界

---

① 仓桥惣三(1882—1955),日本著名儿童教育家。——译者注
② 埃伦·凯,Ellen Key,1849—1926,瑞典女作家、教育家。——译者注
③ 大正是日本天皇的年号。——译者注

范围内是为数众多的。

有必要重新读一读 1900 年出版的《儿童的世纪》。埃伦·凯在书中强调了两点。一是"面向未来的意志",二是"孩子固有的世界"。可以说,这两点中的任何一点不仅是 20 世纪的课题,也是思考世世代代人类的教育时,每个人都会共同意识到的课题。

一起来倾听 20 世纪初让无数人共鸣的该书说了些什么吧。书一开始这样写道:"'面向未来的意志'的力量隐藏在孩子的本性中,孩子所有的顽皮和淘气都将产生出善,顽皮和淘气中包藏着不会损坏的种子。"

作者从歌德《少年维特之烦恼》中引用了下面的话:

"你们必须成为孩子中的一员,人类的老师(耶稣)这样说。我们想把与我们对等的人以自己为模本塑造成形,把他们当成我们可以随意训练的对象。他们没有自己的意志吗?难道我们没有自己的意志吗?成人有什么高人一等的地方呢?是因为我们多活了几年有很多人生经验吗?啊,天上的神灵对年长者和年幼者都是一视同仁的,而且更加眷顾年幼者。耶稣几个世纪以前就说过这样的话。但是,人嘴里说着相信神,其实却不听神的话,这是很早以前就有的问题。他们要把孩子造就得和自己一般模样。"

培养孩子创造未来的意志,是埃伦·凯反复阐述的主题。读着这些内容,我意识到这同样是我们现在肩负的课题。孩子之所以会自杀,是因为他觉得创造未来和自己无关。幼小的孩子的未来,在时间上就是一天中的事情。游戏就是用自己的意志创造一瞬间之后的未来的行为。没有游戏时间的现代儿童,是否失去了埃伦·凯所说的"面向未来的意志"呢? 20 世纪初被提倡的思想在现代成为更需要面对的课题。

我也看到这样的事实:我周围的很多年轻人,即使是在这个充满悲观情绪的时代里,也充满希望地生活着。年轻人有超越现实展望未来的能力。"儿童的世纪"的趋势是 20 世纪前半叶新教育运动造就的,现在进入老年期的很多人在青年期都接受过这一思想的洗礼,它的影响力广泛而深入地延续到今天的时代。我接触到的教育实践就是其中之一。

但是,也如埃伦·凯所说,美好进步的东西即使被提倡,而现实却还是老样子。从这一点上来说,20 世纪初和 20 世纪末并没有什么变化。

埃伦·凯说:"他们嘴上说着进化、个性、倾向自然,嘴上说多么相信这些新思想,而实际上他们从未认真地思考过这些东西。他们认为恶必须用恶来驱逐。"

埃伦·凯还说了下面的话,读来让人觉得非常有新鲜感,很多内容现在也同样适用:"新教育辅助自然去安静地慢慢地运动。新教育关注孩子的教育环境就像关注自然一样。这才是教育。""压制孩子真正的个性,用别的个性来替代的做法,是教育学上的犯罪。他们不相信把恶变为善的可能性。到达这个阶段时,教育开始变成科学和艺术。""不能破坏灵魂的本性。这里有两种可能性:让其服从,或是让其升华。""能和孩子游戏的人才能教育孩子。训练的第一个条件是,成为孩子。这并不是说把自己变成孩子样的,孩子也不会这样希望,而是变成像孩子一样地热衷于生机勃勃的活动,把自己提升到孩子的那种程度;把孩子当作和自己平等的人,对孩子像对成人一样,赋予他们同样的关怀和亲切的信赖;不是按成人的目标对孩子施加影响,而是根据孩子自身的自然状态,成人接受孩子的影响;对孩子不能欺瞒和强制,要诚实认真地对待他们。"

埃伦·凯所说的"面向未来的意志"不是理念和理想,而是面对孩子现实的先辈们的倡议。埃伦·凯没有看到 20 世纪末的境况,但是她的心里相信,这是超越时代的普适性倡议。在现代教育中,较之培养个人的能力,"面向未来的意志"应当是更为优先的课题。

埃伦·凯还说："与孩子一起游戏是伟大的艺术。如果不了解孩子们想要做什么，是不能和他们玩到一起的。和孩子一起玩的同时，也给予了成人特别的乐趣。和孩子玩的时候，成人必须忘记所有的教育理念，必须进入孩子的思想和想象的世界。除了从古至今一直给人带来满足的游戏之外，不可以教给孩子们别的什么。"我对它的理解是，孩子自己开始的游戏会展示孩子固有的世界。所以，保育者必须观察孩子想要做什么，进入孩子想象的世界；必须从成人的观念中排除要管教孩子的思想和教育理念。

"当孩子成长中遇到一点儿小小的挫折，就像如临大敌的时候，成人要教给孩子的是，现在的挫折只不过是云一时遮住了太阳，要告诉孩子如何微笑着去面对。当孩子看到成人的榜样，如父母能够愉快地面对那些让人不愉快的义务，对麻烦和困难都能忍耐，那么孩子也会同样地面对这一切。这是我的教育方法的全部。再回顾一下一开始谈过的内容吧。请把孩子交给和平；尽量不要去干涉他们；让他们远离粗野、虚伪；用人生、人格和现实本真的状态培育孩子，把你全部的精力和关怀奉献出来。"

成人和孩子生活的舞台虽然不同，但在各自的舞台上，面对出现的危机和挫折，身体里蕴藏的力量却有着共同之处。孩子面对生活的现实，在身边成人的人格熏陶中创造着自己的人生。可悲的是，在这个时候，成人的常识和教育干涉并不是教给孩子生活的方法，而是把成人自认为高贵的生活方式作为孩子的样板。其实孩子的生活方式能够给成人以启示。

"一位讽刺作家曾发出过这样的疑问：子孙为我们什么也做不了，为什么我们必须要为子孙做些什么呢？这个疑问是我青年时代认真思考过的。我认为，子孙为祖辈做了很多事情！祖辈从子孙身上得到了超越日常局限面向未来的长远目标，在孩子身上看到了人类新的命运。

我们须小心翼翼地把握孩子心灵的细线,这些细线总有一天会编织出世界的未来。我们必须认识到,向孩子心灵深处那平静的水面上所投进的一粒一粒小石子,都会泛起波及几个世纪的涟漪。祖辈的影响会超越我们自己的意志和选择,如命运注定一般,形成我们自身灵魂最深处的东西。同样,通过养育子孙,在某种程度上,我们作为自由的存在,可以左右人类未来的命运。”

在我们内心深处承接了从数十代以前的祖辈那里遗留下来的财富;而当我们对未来的子子孙孙寄予期望的时候,他们又继承了我们的智慧和力量! 我们由此得以看见一个开拓未来的遥远的目标,正是这个目标支撑着我们的现在。

20 世纪末的思考大多担心未来的一代会变得感情迟钝,那是因为我们生活在一个年轻人的理想受到弹压的时代的缘故。尽管如此,我们仍乐观地面向未来! 如果我们没有找寻地平线上曙光的意志,教育和育人的工作就不复存在了。

“所有这一切都要重新认识。注视着进化之灵光照耀下的全过程,20 世纪将成为儿童的世纪。儿童的世纪要通过两种方法来实现。首先是成人要理解孩子的特质,其次是成人的内心要永远保持孩子那份纯真。只有这样,旧的社会秩序才能得到革新。”

“我们有很多教育心理学方面的前辈。不用追溯到苏格拉底和耶稣,从近代开始,在成果稀少的文艺复兴的日出之后就一直持续不断,在春花凋零的树丛中出现的教育革新的呼声是伟大的蒙田(Miehel Eyquem de Montaigne,1533—1592,法国思想家、作家——译者注)发出的。蒙田是一位敬畏现实的怀疑论者。在他的散文和写给伯爵夫人的信中可以发现未来教育的一切要素。”

接下来,我们可以列举出夸美纽斯、巴泽多(J. B. Basedow)、裴斯泰洛齐、沙尔曼(C. G. Salzmann)、福禄贝尔、赫尔巴特等名字。我们还可以列出普莱尔（W. Preyer）、冯特（W. Wundt）、里巴特（T. A. Ribot）、比奈（A. Binet）、克莱培林（E. Kraepelin）等等，对学习古典心理学的人来说非常怀念的名字。

《儿童的世纪》1900 年出版之后的 96 年间，心理学有了突飞猛进的发展，一一列举数量众多的成果是不可能的。

被埃伦·凯在这里多带宗教色彩来谈及的"发展"，是陈述 20 世纪的教育时不可缺少的词语。之后我们正在体验着发展的利和弊。

我经常引用《幼儿期与社会》一书的内容。其作者 E. H·埃里克森出生于 1902 年，1994 年去世。他把人一生的成长作为了研究课题。在晚年他写下了《生命周期及终结》。他是生活在 20 世纪的教育研究者。在最后的著作里，他把老年期的"统合"特征结合自身的人生进行了一番思考。他说，统合是"一贯性和整体性的感觉，把事物和事物结合在一起的机能"。统合"不只是个人的特性，也是旨在理解人生之统合生活方式的共同特性"；是世代相传的"德"；而且还是"与那些在遥远的时代里，以不同方式生活的人进行内部交流……在交流中，对遥远时代的人产生跨越时空的爱"。在 20 世纪里，尽管弥漫着对人类和社会的悲观情愫，但是我还是愿意相信在人类中所存在着的、世代繁衍着的人类的精神力量。特别是在尚不会说话而以身体运动为主的幼儿期里，就已经从祖辈那里继承了作为人之基础的东西。教育就是保持和培育这一基础的工作。

重读埃伦·凯的《儿童的世纪》，让我重新思考这百年教育史。

成人的世纪？

成人的世纪何时开始

埃伦·凯倡议 20 世纪是"儿童的世纪"。

本世纪出生的著名心理学家 E. H·埃里克森把人一生的成长作为研究课题。他在著名的《幼儿期与社会》(1950)中,把从婴儿期到老年期的人生分为 8 个阶段,并分别阐明了各个时期的发展危机和能够获得的"德"。在《生命周期及终结》(1982)中,从老年期开始倒述,他记述了人一生的成长过程。他不仅研究孩子,在对路德、甘地一生的传记性研究中也颇有建树。在他晚年的传记研究中,有以美国第三代总统杰弗逊为主题的《历史中身份认同:1973 年杰弗逊纪念演讲》(*Dimensions of a New Identity：The 1973 Jefferson Lectures*, New York：W. W. Norton, 1979)。在最后一章里,他以"是成人的世纪吗?"为标题写道:"在我年轻的时候,被告知是儿童的世纪。儿童的世纪已经完结了吗? 我希望它已经安静地融进了这个时代。之后,我们经历了一个时期,应该被称为青年的世纪。但是成人的世纪何时开始呢?"生活在"儿童的世纪"里的 E. H·埃里克森是如何定义"成人的世纪"的呢?

个人传记性研究和历史

杰弗逊起草了美国的独立宣言,是美国建国时期的政治家。E. H·埃里克森明确表示,对一个人做传记性研究——个案研究,"并不是把杰弗逊作为研究的对象",而是作为研究"人"的一道"指引之光(guiding spirit)",这是他进行传记性研究的立场。埃里克森说,一个人一生的成长和其所处的时代有着密不可分的联系,个人的成长也是创造历史的重要因素。我认为,在这一点上,并不只是埃里克森所研究的历史伟人如此,有残障的普通人、平凡的保育者也同样如此。

杰弗逊是政治家,自称是农民出身的人道主义者。他一边想把欧洲文化和价值标准移植到美国,同时又放弃了对祖辈国度的忠诚,在美国寻找自己新的身份认同。杰弗逊比他父亲更喜欢调查,而且对建筑非常感兴趣,是一个多才的人。他一方面坚持人是平等的理念,另一方面又容忍奴隶制,内心处于矛盾状态。

处于矛盾中的自我

埃里克森在对杰弗逊进行传记性研究的时候,主要参考了两份资料。一份是《有关弗吉尼亚州的记录》,另一份是《福音书注解》。前者是杰弗逊三十八岁时的著作,是他住在弗吉尼亚州时所做的地理调查和统计资料;后者是杰弗逊做总统时,每晚对用四种语言翻译的《新约圣经》进行比较而写成的著作。杰弗逊在弗吉尼亚州的一个小丘上建了一座有着古典贵族风格,又融合了美国自然的建筑。他的父亲有纯正的欧洲贵族血统,还是一个通过劳动和教育而独立发展的人。从这里也可看到矛盾的共存。

E. H·埃里克森本人是 1930 年中期受法西斯的迫害而流亡移居美国的犹太学者。由于自己的身份认同到最后都一直是他的一个课题,所以在研究杰弗逊时,在旧的身份认同上建立新的身份认同就成为了主题。身份认同不是一个一旦成立就不再改变的东西,而是在人生的经历中会重新变更的东西。"面向共同未来的自由和摆脱历史束缚的自由"是杰弗逊的课题。杰弗逊是一个有多种身份认同的人。埃里克森把老年期的成长危机称作统合,统合不是指把什么都归结为一,而是指能够承受充满矛盾的自我。

个人的身份认同和共同体中的身份认同

埃里克森对身份认同作了如下定义:"身份认同是人通过成长和发展感知自己是自己的同时,与历史和未来沟通,感知与历史和未来合为一体。"身份认同是个人一生的课题,也是共同体的课题。在集团关系中,对共同体的忠诚是青年期成长的课题,这个课题也会被带到成人期。如果只忠诚于直接所属的集团,那么对对立的集团就会抱有敌对心。这不仅是青年,而且也是历史上反复出现的问题。埃里克森通过本书阐述道:"纵览历史上各个时代,都出现过伪种族化(pesudo speciation)体系,即幻想自身种族是神创造的、是最优秀的种族。"所谓的伪(pseudo)"不是站在人类是同一种族的立场上,而是固执地把身份认同划分成不同民族、国家、信条、阶级和政党等小团体。顾及到的只是自己选择的种族,所以在有危机的时候,为坚持特有的民族偏见,会牺牲掉全人类的知识、理论、伦理"。现代的民族主义就属于这一类。

"在达尔文的《物种起源》兴起后,我们迎来了一个浩劫的时代。在这个时代里人们体验到,不仅某一人种可以优于其他人种,还能获得通过最先进的技术灭绝其他人种的权利。"当埃里克森这样叙述的时候,可以感到他作为一个犹太学者的痛楚。接着他对现代世界做了以下表述:"现在,不能允许无论哪一个国家任意使用高破坏力的武器(无论是偶发的残杀,还是有计划的武装打击),不能灭绝一个无用的民族。我们自己变成了对自身造成致命危险的种族。"在如今这样全球化的现代世界里,这样的事情更不应当发生。虽然杰弗逊也考虑到了一个广阔的世界,但是在杰弗逊的思想里,他只把自己能够涉足的范围作为实现其理想的世界。而在现代,世界范围已经被扩大到了宇宙,但在现代巨大的电子网络中人是孤立的。埃里克森说:"为了挽救这个现实,需要同周边保持积极的关系,需要内心世界丰富的有思想的新人,国家也需要富有勤奋、创造性的适应力等核心素质的人才。"这里存在共同的身份认同和个人的身份认同的问题。

"美国之梦,永远鲜活的共同之梦,它是用大写的 D① 叫人做梦吗?

---

① 梦的英文 Dream 的第一个字母。——译者注

夜梦可以恢复前一天的疲劳,补充新的能量,它的确是真正的梦。在梦里,我们回到自己过去的某一时刻,看到前一天某件事引起的疑惑,看到唤起过去印象的标志性情景。梦醒之后,我们不光是想自己在哪儿,和谁在一起,还要重新思考自己是谁。大概所有的人都是这样开始一天的准备的:对镜看着自己,在镜子这个限定的范围内,在四个角的框架内,接受那一天的使命而做好开始工作的准备。在对镜整装时,所有的人都共同怀着对新的一天的憧憬,这不仅是因为我们要整理标志着我们角色的服装,还要看看我们行为举止的风度,同时也以此为背景,支持我们一整天都精神饱满地生活。"

成为能够育人的人——"TAKE CARE"

在一日之计的清晨,我们都需要拥有新的感觉。孩子处在人生的开端,而后将逐渐长大成为青年、成人和老人。在经历人生的各个阶段时,人生的经验、产生的矛盾都将汇入到整个人生中,需要重新确定自己的身份认同。这是埃里克森所说的人生最终阶段的课题。

埃里克森在"是成人的世纪吗?"最后一章中这样写道:"我们必须了解孩子能成为什么,想成为什么,成为了什么。否则,我们对孩子和青年的知识就是片面的。""成人不能把自己身上的那些来自传统的不甚完美之物再传给下一代,成人之间要学习怎样互助合作。"这样,成为能够育人的人才称得上是成人。我认为,成人的世纪不是由孩子的数量减少所至,而是从"向能够育人的成人问责"开始的。埃里克森的文章最后以"TAKE CARE"结束,他把在成人期结出果实的"德"用英语CARE(照顾、培养)来表示。这个词本有"操劳、费心"的意思。如果把"成人的世纪"理解为成熟的成人对育人工作操劳、费心的时代,那么就和"儿童的世纪"连接起来了。

儿童学的开始

儿童学不是在脱离孩子的异地创造出的理论，而是在和孩子接触的地方创造出的智慧。

儿童学不只是针对孩子的研究，也包括研究和孩子接触的我们自身的存在方式；儿童学不仅是为儿童的成长，也是为我们自身能成长而展开的与儿童的关系之研究。

教育并不是以一个儿童学实体为出发点的，在每一个与孩子接触的人的心里，发端了各种各样的儿童学。从与孩子接触开始，我们就开始了对人的思考。

在不经意之间，我们开始触摸到孩子的世界。在初看时不可思议的孩子的古怪行动中，显露出人心底最深处的痛苦。在这十二年中，我接触到太多这样的实例。

——摘自当时的日记

♥　♥　♥

三

教育实践者的视野

教育体验

　　保育者每天都在拼命努力着。一日复一日,转瞬间很多年过去了。正如孩提时代对于每一个人来说都是难以忘怀的一样,教育实践的岁月在保育者的一生中,也是一段历经风浪、硕果累累的记忆。

　　在教育实践的每个时期都有阻塞和停滞的时候。然而,每一次危机都给我以收获,有时是让我学会信任孩子,有时是让我学到冷静下来沉住气,有时是学到平静地和孩子一起感受和体味"现在"。

　　在中年的前半期,我是一个儿童研究者,在中年后半期的十二年多里,我每天都生活在和孩子朝夕相处的教育实践中。在这十二年里,可以说我每时每刻都因为和孩子们在一起而收获着。每天早上,我以一个崭新的自己去面对孩子,下决心和孩子一起做一点事。每天我都思考着,怎样做才能成为一个"因为有我孩子感到快乐"的保育者(很多时候我却没能让孩子感到快乐)。一天结束时,我回忆一天的生活认真反思,然后为明天的工作好好睡觉。的确,好些谁都明白的事我是做了保育者之后才明白的。

　　回顾这十二年,我几乎是每两年变换一次工作重点。最初两年,我拼命适应自己的工作。现在想想,这最初的时期里包含了所有重要的东西。每次和孩子认真接触以后一定有新的发现,没有比那更有意思的生活了。但不时我又会陷入"这能算是一个保育者吗"这样的疑惑中。经历了这样的时期后,教育工作的经历变成了人生成长的时期。

工作了三四年后,在普普通通的平常日子里,在和孩子一起前进的脚印里,能够领悟到孩子世界的某些东西了。如果对孩子的世界没有意识的话,非常容易随波逐流,陷入日常的惰性中。

工作五六年时,我和别的几位老师共同负责一个班级。每天到校时,带着唯有我才能保护这些孩子的责任感,我经历了和孩子、家长日渐亲近的时期。但是,担任班主任的时候,太拘泥于面向全体,难以站在孩子的位置上与孩子个别互动。在那个时期,我也力求抓住与每一个孩子哪怕是短暂接触的机会,通过把握"现在",去推动全班孩子充满活力地生活。不过由于过分地强调对自己的班级负责任,也产生了对其他班级孩子的排斥倾向。

工作了七八年的时候,自己送走的毕业生多起来,开始考虑"发展"是什么。在自信而充实地度过的每一天中,孩子们切实地发展着生存能力。尽管如此,我们却常常陷入注重表面,仅以眼见的能力来评价孩子成长的误区中。

工作了九、十年的时候,我可以底气十足地说,教育工作的最大课题是如何通过游戏让孩子表现出他们内心的世界。孩子在游戏中得到了治疗和教育,我了解到教育工作既是体力劳动,更是智慧的专业。这一点不只限于某个具体情景。

工作了十一二年后,我每天能和孩子游戏得非常愉快,一天的时间过得很快。一天结束后,和孩子们共处的热情还会一直停留在身体里,令人感受到保育者生活的乐趣与幸福。但是,习惯了教育工作之后,有时候会让工作退化成完全的体力劳动,忘记教育的原点。

　　一日复一日的积累让我明白,每一天都是一个过程。我每一天都和孩子相遇,都认真理解孩子细小的行动,和他们交往,与他们共同度过"现在",并且通过反思组织第二天的教育工作。通过这样的实践,我作为保育者的视野随着时间逐步扩展。扩展的方法因个性不同而不同。在培养孩子的日子里,人到中年的我也在自我成长。

人的一生

　　每天和孩子在一起的保育者的生活是与众不同的。虽然每时每刻都在使用体力,但工作具有高度的精神性。这种生活是和可以被称作人之原型的孩子接触的生活。在教育孩子的同时,教学相长,保育者也同样获益。

　　埃里克森认为,在人一生的发展中,中年期心理的社会性发展危机是"生殖性对停滞"(《生命周期及终结》)。也就是说,在这个时期,每个人都要经历育人之事,如果不能感觉到自己和对方一起前进,就会面对阻塞和停滞的危机。保育者如何度过这一危机是发展中的课题。

　　对埃里克森提出的八个发展阶段和发展危机,及各个时期都要学习的"德",我想在此作一小结,借以思考人的一生和教育。他所说的"德(virtue)"不只是单纯的道德规范,而是支持个人和社会富有生命力的精神力量。

　　作为个人自我意识的基础是在婴幼儿期得到培养的。从婴儿期起,孩子开始体验对人和世界的"信赖",由此获得"希望"这一精神力量。婴儿不仅体验信赖,也体验不信赖。在孩子出现不信赖危机时,把不信赖导向信赖是教育的责任。危机是把以后的人生变好或变坏的转折点。孩子已开始得到教育的支持,最终他们将通过自己的力量度过危机。从婴幼儿期开始获得的"希望",是人一生都需要的"德"。

在幼儿前期孩子需要发展"意志"。埃里克森认为这一时期的危机是"自主对羞怯和怀疑"。用我的话说,坚持的意志伴随着迷惑和疑问。幼儿后期在游戏中"目的意识"得到培养。这时的危机是"主动性对罪恶感"。无论哪一样都是幼儿期必须要体验的。如果跨过这些来要求知识能力和社会适应能力,就是在无视做人的根本。

儿童期和青年期,通过和同伴在一起的生活,自我的能力得到培养。在儿童期,学习一边和同伴竞争,一边增强自己的"能力"这一"德"。这不仅是指像学习能力和运动能力这样用眼睛能够看到的能力,也包括自身能够在社会中生存的能力。这时的危机是"勤奋对自卑感"。在这里提出相反的极端的概念,是为了要营造一个平衡的自身。过于勤奋,或者被自卑感所困,都会让我们陷入危机。保育者在孩子面前,既不能过于热心,也不能丧失信心。青年前期,学习对同伴"忠诚"的"德"。有"同一性对同一性混乱"的危机存在。青年后期,学习对特定的人"爱"。这一时期的危机是"亲密对孤独"。在青年期之前,消耗能量是为了使自身更加强大,而青年期之后会为了爱做出自我牺牲,这是自我的质的变化。处于这两极之间时,如果人面对孤立独处的命运的话,这一矛盾会有怎样的影响啊!

在前期的自我成长的基础上,中年期人开始学习"育人"之"德",培育作为自己对方的人。在育人中,既可体会到因对方进步而带来的喜悦,同时也有停滞不前的时候,本书中我曾多次谈到这个问题。中年保育者通过体验不同人生阶段各种对立的两极和矛盾,在与孩子的共同生活中多次重新学习,确认上述的"希望"、"意志"、"目的"、"能力"、"忠诚"、"爱"等等。孩子们正在认真学习着的东西,保育者作为成年人也必须进行新的学习。如果在幼儿期、儿童期、青年期没有充分地学习这些必要的人生课题,那么到了中年期就会增加许多苦恼。当然,过去不能决定一切。我们通过认真地过好"现在"也可以持续地发展自身。

在人生最后的老年期,"智慧"乃是必学的"德"。这一时期的危机是"统合对绝望"。经历的人生经验越多,在统合的时候也就越需要能量。尽管统合的方法因人而异,但是人人都有放弃统合、面对绝望的危机而感到恐惧的时候。如何度过这一危机,取决于人自身所积累的承受力的多少。近年,出现了帮助老年人度过危机的专业。扶助老人处理这一时期的矛盾也是教育的一环。

正如埃里克森说的那样,育人的能力是在自我发展完成的同时,由一代继承另一代的维持社会共同自我的力量(伦理)。

保育者每天和孩子接触,理解孩子的表现,和孩子一起共同营造"现在",体察与思考和孩子相处的体验。每一次相遇,都回到这一原点上——尊重与自己平等的对方。这一尊重尽管需要以婴儿期形成的"信赖"为基础,但是作为保育者,必须每一天都提醒自己。要想站在孩子的立场上理解孩子的表现,需要成人具有摆脱先入为主偏见的意志和换位思考的想象力。这些东西都是从幼儿期开始,在人成长的各时期中不断得到强化,并通过教育工作实践学到的"德"。和孩子一起生活在"现在",形成"现在",其基础是与孩子共处的亲密愉快的"爱"的关系,而不是把自己和孩子分离开来。孩子也通过与保育者的共同生活、交往互动,重新学习保育者所希望培养的"基本信赖"、"自我选择的意志"和"游戏中的创造性"。

♥　♥　♥

四

残障的视野

和孩子打交道的人，一定会在某时某地接触到残障的孩子。无论什么时代，无论何地都不能排除残障者来谈人类社会。

对残障儿童进行教育，不是把"残障"作为问题，而是让孩子每天充实地生活才是主要课题。残障的孩子因为有残障而不被周围的人认可其存在的价值，所以常常会感到十分苦恼。而保育者通过不辞劳苦地工作让苦恼的孩子能过上有意义的生活。

每一个孩子都是不同的。残障的孩子也只有让他们有存在感、有能动性地生活的时候，才能发挥他们各自的创造性，变成造福于社会的人。

20 世纪后半叶，对残障的看法有了 180 度的转变。在世界范围内，融合教育已经非常普及，寄宿型的设施逐渐被废除，孩子即使有残障也可以和正常人一样交流、生活。世界已经进步到无论残障程度的轻重，都可以作为市民融入社会正常地生活。在称呼上也不再说残疾儿、残疾者，而是改用"有残障的儿童"、"有残障的人"，强调他们也是人。近十五年来，特殊教育学校的英语表达改为了"需要特殊帮助的孩子(Children with special needs)的学校"，"问题行为"改说"挑战性行为(Challenging Behavior)"。的确，孩子是在向成人"挑战"。保育者不应畏难于"挑战",而应运用智慧去接受"挑战"。如果人与人的关系和环境变化了,孩子的行为方式也会变化,就不再是"问题行为"了。

五十年前,出于一种善意,认为把有残障的人从一般社会中隔离出来加以保护和管理是正确的。1960 年为了让有残障的孩子能够适应普通的社会,认为他们必须接受治疗和训练。在现代,即使是有残障的人也是平等的人,社会正在向着通过交流,让残障人和普通人一起生活的方向发展。想到这点,这半个世纪的变化是惊人的。这一转变的基础是以人为本的理念在全世界的普及,是 20 世纪,这个被称为"儿童的世纪"的贡献。日本社会在这一点上晚了一个世纪,我们还生活在矛盾里,还在努力着。

有关我校学生、家长们的生活态度,请参看《家长们的话》(爱育特殊教育学校幼儿研究会编)。

第 八 章

相遇·交往

——表现和理解；形成"现在"，观察思考

❤ ❤ ❤

保育者在和孩子的交往中成长

保育者帮助孩子成长,自身也向着人生目标的完成不断进步。培育孩子的成人与孩子相遇,对孩子的表现做出回应,和孩子一起经营"现在",反思和考察与孩子共处的体验。在这样的生活中成人每天都在学习。

孩子会通过和保育者的接触找到自己的存在感,会抱着希望生活在"现在",不知不觉中被培育出涌动于内心的能动性,形成对周边事物选择的自我意志。教学相长,在互动中通过和他人的愉快交流,养成对待他人的诚实态度,创造出共同的活动。这样,保育者逐步形成自信而骄傲的自我,成长为能帮助他人完成自我实现、能够育人的人。

保育者自身每天都在教育实践中反复确认着做人的原点,强化着自我。

在人的生活中常常会出现成长的障碍,把这样的妨碍变为前进的动力是需要人的自我意识能力的。

下面拟对本书作一小结。尽管包含在一个现象中的要素要将之分开来记述是很困难的,谨希望它们能对教师们的教育工作起到一定的参考作用。

♥ ♥ ♥

相　遇

当你决心要从事保教工作的时候,你就会进入到与孩子相遇的生活中。

早上

每天早上都做好和孩子相遇的心理准备,保育者因此而得以成长。在孩子们到来之前静寂的校园里,朝阳从外面照射到教室的窗边,保育者在一片安宁中可以觉察到即将开始工作的紧张感。如果对这一刻缺少些许紧张感,一整天的工作就可能会被惰性所支配。

相遇的偶然性和相遇的决心

谁都不会忘记第一天到学校工作的情景。因为第一天来到教育第一线时,就清楚地意识到,自己完全是为了和孩子在这里相遇。"我一直对第一天的事情记忆犹新。对当时的感觉、当时的疑问,我一直在反复思考着。""第一天,我来到院子里时,正好遇到四岁的 II,他和两岁半的弟弟一起由父母带着来到学校。当时院子里已经有几个孩子在那里玩了。"(参考第一章、一)。

我们所接触到的往往是某个特定的孩子。今天,我和某个孩子在这个地方相遇,不是我的选择,而是偶然的机遇。当然,看似偶然,其实因为我在这所学校里工作,和那个孩子的相遇也有必然性。孩子的家长让孩子上这所学校,造成了我们相遇的机会。然而,今早当一个孩子从大门口走进来的时候,我是否成为和这孩子见面的第一人,是事先无法预料的。是否能够做好准备,把学校作为双方成长的地方,那要看保育者的决心。

作为平等的人的相遇

"和孩子相遇的时候,对我这个成人来说,有我不能彻底弄清的未知的世界,孩子是另外的一个人。孩子毕竟是超越了成人理解的、不允许别人支配的、有尊严的人。这是和孩子相遇时的基础意识,是成人和孩子相互存在的模式(《教育工作的一天及周边》)。"相遇时,我们和孩子是平等的人。虽然有教师和学生、能力高低和立场的不同,但是对方和自己都是生活在自己人生里的平等的人。

这一点,我们要反复地重新认识。"'拥有'的关系,是人与人关系的基础。无论多么幼小,哪怕有残障,人都不是任何他人或组织的所有物,都是有尊严地生活的人(参考第四章、二)。"

作为平等的人,相遇的基础是超越个人的更宏观的存在意识。如果没有这样的意识,人和人是不能真正平等的。

比起与成人接触,与孩子接触是容易的。孩子有让人变得纯粹的人性魅力。

相遇时的信赖和疑虑

相遇是以分别和再会为前提的。一起度过了一天的孩子,到晚上回家,第二天和他们再见面。有时候我们会担心今天和孩子之间的亲近能不能维持到明天,特别是在寒暑假之后。但是,一旦有了和孩子心灵沟通的体验,就让我们相信,就算一段长时间没有见面,我们和孩子的关系也不会有什么改变。即使时光流逝会有新的情况出现,"但是不管什么样的预想不到的情况出现,我都暗暗下定决心,自己要成为孩子中的一员,作为一个和他们共同生活过的人去和孩子交往。"这样的想法让我和孩子再会时能够一如既往地与他们接触(参考第二章、五)。

孩子到了一定年龄会因毕业而离开幼儿园或学校。在我校,不少学生是从两三岁开始到十二三岁,十多年都生活在学校的。我们相信,十多年里心心相印的孩子,即使毕业后环境有了变化,也能够和我们心灵沟通。很多次机会都证实了这一点。"和那个孩子一起躺着仰望蓝天,一起大笑,忘乎所以,全身心地愉快地享受那一时刻。虽然时间并不长,却似乎触及到了心灵最深处的存在,这是两个人共有的时光,使人忘记其他一切的时光……这不仅是我个人的体验,孩子也拥有同样的体验。两年后,在与这个孩子再会的时候,我的这一想法得到了确认(参考第七章、一)。"

"在有一段时期里,我每天竭尽全力持续地帮助孩子,和孩子一起生活。这一记忆在我心中是永远不会被抹去的……对孩子本人来说,我想,那段记忆也是很难忘的吧。只可惜没有什么机会能够对此相互确认……尽管对过去记忆的怀念挥之不去,但是,我们不会仅止于此。我和孩子在那个时候彼此都从对方获得了生命力,并在那之后,都带着同样的力量,各自走在不同的道路上,这一切是后来和孩子重逢后才知道的(参考第七章、一)。"

在心灵深处的情意是不会因时间的流逝而改变的。

班级框架改变看法

在我做了班主任以后认识到,所属班级的不同会改变教师对孩子的看法。"做了班主任后,就会把自己班级里的孩子和其他班的孩子区别对待。即使觉得不应该这样,看到别班的孩子哭着、一个人孤零零地呆着的时候,也会用批判的眼光去看,去想那个班的班主任在干什么。"
"班主任是明确的,但是班级的界限要灵活。学校全体成人要分工合作
地照顾全体孩子。"如果教师之间通过讨论达成共识的话,就会比较容
易地接触自己班级以外的孩子。相反,自认为自己是班主任,最了解自
己班级里的孩子,这样的想法会使班级变得封闭(参考第三章)。

重新做好真心面对的心理准备

是否做好了和孩子相遇时适当的心理准备,是保育者每天都要自
问的问题。"孩子停滞不前的时候,也就是我感到和孩子的关系停滞的
时候。如果到了那种时候,即使是把别的所有的事都放到一边,也要下
决心认真地面对那个孩子。这样的情况我过去经历过多次。这次又重
下决心面对这个孩子,在这样的心境中迎来了清晨(参考第四章、一)。"
真不可思议,心里一旦有了这样的决定,那一天竟会变得非常不同。

"我想,无论如何要成为这个孩子的伙伴和孩子一起度过学校生活
(参考第四章)。"我在孩子旁边慢慢地蹲下去,孩子看着我的脸笑了。
于是我有了亲近孩子的空间,从而使照顾这个孩子成为可能。并不是
任何时候都有这种可能性的,这是在某个时候像一种恩惠一样赐予我
们的机会。

"成人存在这样的倾向,即把需要消耗的能量控制在最小。这种倾
向只会给孩子的生活增加疲劳。保育者要自觉地避免发生这样的情况
(参考第六章、三)。""孩子来校的时候,早上的紧张感被打破,保育者会
融入到孩子们当中去……"

"本质并不是一个实体,但是,如果没有追求本质的意识,教育工作
就会陷入盲目的自我满足中(参考第六章、三)。"

有意识地去接触对我们自己来说难于接触的孩子和家长,这是一
种接触意识。"那时,因为要同时照顾几个孩子,我无暇旁顾,自然很少

和那个孩子玩。那一天,那孩子独自在用水管玩水,我想和他一起玩,于是就在他旁边站了一会儿(参考第六章、五)。"如果当时我不在他旁边驻足停留的话,之后我们要一起游戏就不可能了。

♥　♥　♥

交往——表现和理解

孩子的游戏是无意识中创造出来的作品

在和孩子相遇以后,保育者会和孩子继续交往。如何看待每一个孩子的行动,会决定保育者如何与孩子交往。如果把孩子的行动看作是无意义的淘气,保育者会对孩子加以制止,再让孩子按照教师的意图行动。

在外部观察到的行动是内部世界的表现。这样的想法使我和孩子在一起的时间变得非常有意思。为把孩子的行动作为表现来理解,成人要抛弃固有的观念,努力地站在孩子的角度上发挥想象力。

"孩子在游戏中的行为表现其内心世界,可以说这是孩子在无意识中创造出来的作品。成人通过孩子的表现而理解孩子的世界。孩子对自己心里的愿望并不能充分地意识,通过成人对孩子的理解,让孩子的心理得以向下一个阶段发展。"

"孩子在游戏中的表现和成人的理解可以与文学作品的作者和读者相比较。好的读者比作者自己更能理解作者。"在我从事教育实践的第一年,在我和孩子之间有好几次戏剧性的情况出现。

一个孩子盒饭吃到一半时把剩下的饭都扣翻在桌子上。当我们把这个行为看作是这个孩子内心世界的表现时,就理解到这个孩子是在演示"最后遭到失败的经历",他是想把被动的经历变成积极的行动表现出来。那以后,我不仅非常重视孩子是否开始投入活动,还懂得了让孩子把他想做的事做完,一直做到他自己满意为止,也是非常重要的。

当我认识到某个孩子揪别的孩子头发的行为是其"害怕别人从后面抓住她"的心理在表现时,我看那个孩子的目光也就自然地变得和蔼。在我们论及表现和理解的时候,我不能不顾及我从事教育工作最初两年的体验,有关这些体验我记录在《如何看待孩子的世界》一书里了。

从孩子自己开始的行动中看出意义

孩子是发现了某种意义才开始做某件事的。成人不能随意地判断孩子所做的事没有意义。保育者可以通过发现孩子行为的意义而让自身的心胸开阔起来。只要成人改变一下自己理解孩子的方式,就会发现孩子的视点。

在和孩子一起散步时观察孩子的表现

保育者不能只通过十分外显的行动来观察孩子的表现。和孩子一起走路,或在其他平常的行为中,只要保育者和孩子在一起,就是和孩子同行在他们的世界里。从孩子一连串的行为中是可以发现孩子自身的想法的。追寻着孩子的想法和孩子一起散步时,"表现和理解"就一路伴随着我。我有这样的认识是在从教第三四年的时候。

保育者和孩子同步行动,孩子走我也走,孩子举起手我也举起手,这样和孩子同步行动的同时,我也加入保育者的动作。这样,我按自己所想而行动,孩子也能徜徉在他自己的世界里(参考第二章)。后来回顾当时的情景,我发现互动的某些部分产生了意义,而且意义也被成人认识到了。

通过交流,了解不同的另一面

保育者聚在一起,针对某个孩子进行讨论,是一个让自己关注不同侧面的好机会。在共议的时候,任何一个人都不能有特权。无论校长还是班主任,都只是参加讨论的普通一员。在谈论孩子一连串的行为时,如果描述者不带有自己的观点就会变成流水账,从而失去讨论的意义。听者也需带着想象地听,对方说什么是什么的听法是危险的。在这样的讨论中,我意识到男老师和女老师在行为方法上是不同的(参考第二章、一)。

和孩子一起走,触及

保育者从相反的方向,和孩子一起相对而行,是能触及到孩子的内心世界的。牵着孩子的手,把孩子背在背上,也能知晓孩子的心。保育者的回应不是指向孩子的行动,而是指向孩子的内心。与孩子的小手相连的指尖可以觉察到孩子内心的能动性。

"我从教室来到院子里刚刚站住,忽然觉得有个孩子正从后面在碰我的手⋯⋯我之所以会惊讶,是因为我看到了这个行为中所包含着的孩子的心思。这孩子一直想凭借自己的力量走路,这一天在各种条件的支持下,他的这一心愿变成了表现意志的行为(参考第三章、四)。"

接受原原本本的样子相互交往

如果认为对方不改变,就无法交往下去的话,是不能理解对方的。要与对方交往,我们需要改变自己,接受与我们自己不同的对方的原本样态(参考第三章、二)。

"我认为,在平时,学校是每一个孩子都能够按照自己原原本本的样子生活的地方。"但是,在不经意之间,我们把学校变成了一个"为让孩子能和别的孩子一起游戏,就必须改变他们自己,否则就难以生活的环境(参考第三章、二)。"

这时候,我意识到孩子有一种"虚的自我实现",我以前的想法开始产生了根本性的动摇(参考第二章、五)。"当成人发现了孩子内心的课题,并回应这个课题而采取行动(教育)的时候,成人和孩子的关系就开始了创造性的改变(参考第三章、四)。"

即使交往的对方没有发生变化,保育者必须开阔自己的心胸,接受他的原本状态,继续和他接触交往。所谓理解,就是改变自己,而不是按照自己的期待或者将对方纳入自己的认识框架而去改变对方。

创造出表现愿望或烦恼的游戏——保育者的喜悦

到底看到过多少表现孩子内心愿望和烦恼的游戏,连我自己都数不清了。在本书中我只举了几个例子("扮鬼的游戏",见第五章一;"来回走",见第五章二;"连接玩具电车",见第五章四;"回来了",见第六章一;"背着包",见第六章十一、十二等等)。每一个例子都是孩子愿望或烦恼的表现,也是保育者对孩子的鹰架与援助。

在思考某一行为的意义时,要深入到行为者的生活里去,在孩子的生活继续地展开的过程中,发现其成为孩子生活动力的意义,这才是保教工作的方法。

这样,通过逐步积累自己解读孩子行为表现的经验,保育者就能够做好理解孩子的表现这一保育的核心工作了。

保育者的智慧

从和孩子的相遇开始,保育者通过肢体与孩子互动,借助每时每刻都在变化的孩子的行为,解读孩子的愿望和烦恼,其通过肢体对孩子做出的回应中包含着高强度的精神工作。保育者想要和孩子深入接触而呆在孩子身旁,而每次和孩子的接触都让保育者更新自我。保育者持续地与孩子进行前瞻性的接触,在师幼之间就创造出新的关系。认同每个孩子的原本状态,按每个孩子的原本状态去与之互动(参考第五章、五)。

教育工作是通过肢体活动的行为,身体疲劳的时候精神也会疲劳。抱着孩子的时候,如果"一有机会就想把孩子放到地上,如果有这样的想法抱着孩子的话,那么,抱着孩子的'时刻'就失去了意义。如果这时候转变意识,想着去和孩子亲近,和孩子一起度过愉快时刻的话,这一抱孩子的时刻就会变得异常珍贵(参考第六章、六)"。

人在对待体力工作的时候,为了不让身心疲劳,往往容易产生保守的、保身的倾向。保育者需要克服惰性,时时想起投身教育的初衷原点。把孩子的行动看作其表现,会给予我们以工作的力量(参考第六、七章)。

理解的本质是改变自我中心的一种意志。理解不是局限在自己的知识结构中,而是改变自己。达到理解的时候,自己对于他人来说被相对化了,而把自己绝对化之时就是理智丧失之时。保育工作是身体的行为,同时更应当是理智的行为。

身体有时会有不受理智控制的时候。在孩子有什么过激行为时,我们有时也会做出一些过激的回应。这样做会阻碍我们理解孩子的表现。对对方发生冲动性反应是人的本能倾向,而理智帮助我们控制它。在保育工作中,培养着我们自身的这一控制力,使我们无论在什么情况下，都会站在孩子的角度去考虑教育工作。尽管一开始我们会因孩子的行为震惊或困惑，在较长一段时间里都对孩子行为的意义不甚了了，但是能够坚持下来挺过这一时期，是作为成人的保育者的自我的力量。

❤　❤　❤

创造"现在"

在充实地度过"现在"的过程中，就在改变过去，并从中产生出未来。和相遇的孩子一起，哪怕是很短的时间，如果让"现在"的时光非常充实的话，未来就会由此而展开。重视和孩子在一起的"现在"，将此作为教育实践的关键，这是我从每天和孩子共同生活的经历中获得的认识。

我不想追究和孩子在一起的生活到底有什么实际用途，我只是想让孩子在"现在"这个时刻里能够过得快乐。为此，我们要思考的是，和孩子接触着的保育者的"现在"是否愉快、温暖和开阔。

有时候，我也心存疑问，是否有更加有效率的做法呢？这是在以"现在"尚未达到的状态为出发点，从未来的视点来看"现在"的思想方法。如果这样想的话，会让现在变得浮躁。在保育工作上，是不能有这样的想法的。无论是孩子还是成人，在精力旺盛地开始"现在"的时候，"现在"便会因此而改变。从这一点上讲，教育工作是重新形成"现在"的行为(《如何看待孩子的世界》，160页)。

当我在教育第一线工作的第五年成为班主任的时候,我才更加清楚地认识到了这一点。

接受变化

四月初,班级和教室都出现了变化。如果想要保持和以前一样的自己,孩子和成人都很难过好"现在"。新的变化能不能变成成长的契机,要看成人是如何面对这些变化的(参考第三章、一)。

所谓变化就是和以前有了不同的感觉,对不能预测的未来有一种不安。这是重新确定自己身份地位的时候。虽然是被动地接受环境的变化,但是变化也会把被动变成回归人之原点的主动,也就是成为更新自己生活方式的机会。如果不接受变化,那么"现在"也就不存在了。

不是面向全体的公平

当了班主任以后,感到对整个班级负有责任,随时想着要公平对待全班每一个孩子。然而结果却是每一个孩子的"现在"都没有过好。要让每一个孩子的"现在"都美好。"即使时间很短,共同度过的轻松愉快的时光也能实现和孩子心灵的沟通(参考第三章、二)。"如果这样做了,以后的情况就会产生变化。当孩子和我有过充分的接触后,即使没有我的时候,他们也能够自己玩了。孩子不是只和我一个人接触,也在和别的人接触。只由我来控制一切的想法是错误的(参考第三章、七)。如果保育者的精力分散到全班各处,那么孩子的充实的"现在"就会消失。

敢于停留在"现在"

意外地和孩子相遇时,如果我们敢于停留在"现在",和孩子接触,就会有意想不到的发现,我们和孩子的关系也会出现质的变化。有个孩子"在水池边把水龙头开得很大,往洗菜用的小盆里注水……看着水从出水口流走……我于是站在一旁看着他"(参考第四章、二)。如果这个时候不是我从那里经过,恐怕谁也不会留意到他吧。我知道这孩子是想让谁看着他玩,而当时我也没有别的急事。那一刻的"现在",从我敢于在那里停留开始,就产生了我和孩子下一步交往的可能性。有相当多这样的工作记录。和一个孩子接触的"现在",有时也是保育者视整体状况而做的选择。

状况中的"现在"

仅仅只理解一个孩子的内心状况是不够的,还必须要思考由若干人造成的状况。把状况作为与人有关的东西来看,是在我与那种状况发生关系的时候(参考第四章、六)。如果把一种状况与一个生产性目标结合起来考虑的话,就会欠缺人性化的视点。和孩子的母亲谈话的时候也是如此,谈什么不重要,比起谈话的内容来,重要的是珍惜谈话这一"现在"的时刻(参考第六章、六)。

改变自己的意识,深化和孩子接触的"现在"

比如说,抱着孩子的时候,如果有快点儿把孩子放下来的想法,那个"时刻"的意义就不存在了。如果把想法改变为要和孩子亲近一起快乐的话,抱着孩子的时刻就是非常珍贵的一段时间。因为我们没有好好地珍惜"现在",孩子得不到满足就会哭闹,故意做一些要引起别人注意的事(参考第六章、六)。

如果保育者制造了一个孩子非要改变自己才能生活下去的环境,那么孩子是不能过好"现在"的。如果不能在"现在"中注入生命,无论是成人还是孩子都不能把那个地方当作自己生活的地方。能否深化和孩子接触的"现在",与保育者的认识方法密切相关。

身体的疼痛

身体的疼痛会影响日常生活的情绪。特别是身体的疼痛持续很长的时间时,会让人不能充分愉快地度过"现在"。人总是很自然地希望疼痛快些消失,但人也有忍受疼痛、和疼痛共存的生活。这样一想,疼痛就会减轻。这不是教训,而是生活的真实。没有任何痛苦的人生是不存在的。

抱着孩子的时候,虽然不是感到疼痛,但是却想早些卸下负担。然而,孩子是最接近神的国度的存在,抱着孩子的"现在",是让人最能接近神的国度的时刻。这样的想法会一下子让沉重的感觉减去一半(参考第六章、六)。

从容度过"现在"使我们受惠

心情舒畅地在自然中生活的时候,我们和孩子一起分享那份舒适和美好。和孩子一起活动身体,配合着孩子的动作哼节奏,和孩子的动作感觉相伴随的时候,孩子的感觉就会传递过来。那一刻的"现在"是赐予保育者的恩惠。

反思

教育工作与观察思考是密不可分的。

保育者在和孩子接触,以身体动作进行互动的同时,也在解读孩子的行动,并对孩子做出回应。"孩子 T 和 F 老师一起把塑料胶带拉长成一个斜面,并用手指上下移动做着下滑的动作。前几天 F 老师在旁边看到过 T 玩滑梯,所以当 T 拿塑料胶带玩的时候,F 老师就想到 T 的心里是在想着滑滑梯时的感觉,并马上把 T 的游戏提升到象征性游戏的层次(参考第一章、四)。"

这不是每一个保育者都能够做到的。对教育工作的观察与思考要通过长期的经验积累。

在教育工作的一日生活中,吃盒饭时或长时间地以看上去很单调的行动与孩子互动时,保育者都可以边观察思考边与孩子交往。这让保育成为了一件乐事。孩子一边做着在成人看来没有什么意义的行为,一边似乎在思考着什么。事后想一想,如果保育者单方面地觉得交往很单调的话,孩子的一些不起眼的表现就会在观察中被漏掉。"孩子是通过身体的行为探究人生的哲学者(参考第三章、五,第四章、五)。"

在一天的保育工作刚结束时,往往什么都回忆不起来。"只有身体内的疲劳感在证明着我们做了什么重要的事情(参考第六章、七)。"

打扫完卫生,和同事们一起喝茶聊天的时候,保育者会回忆起当天孩子们做了些什么。这时有机会从他人的角度重新审视教育工作,借以拓宽自己狭窄的视野(参考第二章、一)。

再过去一段时间以后,当独自再回忆那一天的教育工作时,又会看到很多当时没有看清的事。在很多时候,各种现象追着我们,似在叫我们"再一次静下心来看看吧"。

有时候,即使过去多年,还会通过工作记录来重新观察与思考当时的工作(参考第一章、三—七)。

这本书的全部内容就是我在现阶段对自身教育实践的观察与思考。

❤ ❤ ❤

成　长

在孩子成长的道路上，当孩子受到存在感的威胁，不能发挥能动性，相互性受到阻碍，面临自我意识危机的时候，保育者要尽全力地在那个时候去帮助那个孩子，让面临自我意识危机的孩子找回自我，生活下去，保护他，和他在一起。只有具有这样的育人功能的学校才算是人的共同体。教育是帮助人成长的工作。孩子在和保育者的接触中，能够恢复他自己，满怀自信地继续自己的生活。从外部来看，成长可以说是能力和社会性的成长。但是成长并不是为迎合成人的需要而变化的。保育者最应该关心的是，孩子自己主动想做什么，培养孩子的自主性（参考第四章、一）。

成人生存所必需的自我意识的力量，是从孩提时代开始，通过一点一点的经验积累而成的。孩子的行为不仅对自身有意义，对于成长着的人同样有意义。孩子与保育者的接触、交往与互动、表现和理解、观察与反思、过好每一个"现在"，都体现了人为了形成文化而不断地重新追问，不懈努力的精神（参考第四章、二）。

保育者在与孩子互动的生活中，帮助孩子确立自身的存在感，帮助孩子的行为具有能动性和相互性，帮助孩子形成自我。

保育者和孩子作为平等的人互相处在"拥有"的关系里，更进一步创造出"成为"的关系。"拥有"的关系是严峻的，而"成为"的关系是亲近的（参考第四章、二）。

"找寻真正自我的人生旅程是从幼儿期开始的,这种找寻一直延续到中年期、老年期(参考第四章、二)。"不仅个人如此,人与人之间的关系也是如此。人总是在追寻真正的关系。

在中年期快结束之际,我已经在教育第一线度过了十二年。这一经历使我在孩子们中间学到了生活的智慧。

保育者的生活是将"让人成为真正的人"作为自身课题的生活。这样的生活不仅需要身体,更需要高度的智慧。而与孩子——人之原型——的接触互动是最为人性的生活。

保育者的视野

在保育第一线,能与处于孩提时代的儿童、处于中青年期的家长等接触,在这里展开的不仅是个人的生涯,也包含着社会的历史、教育和福利的历史,还连接着过去和未来,连接着所有的孩子,包括不同文化背景的孩子,有残障的孩子。在育人这点上,对所有的孩子都是平等的。保育者思想中的地平线无论是在纵向上还是在横向上,都能延伸到极远极远的地方。保育工作不仅是一个职业,也是实现人的存在的一种行为。

让孩子生活的地方放出光辉。

成为这样的保育者吧,关注孩子自发开始的一件件小事并回应他们。

跋

保育是非个人之力所能够完成的，它需要教师们的合作。在本书出版之际，我谨向多年来和我一起工作的爱育特殊教育学校的教职员工和家庭指导小组的成员、很多的实习老师、坚持多年的年轻教育工作志愿者，恕我不能在这里一一列举他们的名字，表示深深的感谢。

还有，最重要的是，如果没有孩子们和家长们，就没有我的保育工作。

创造一个人人作为社会的公民都能平等地生活的人性化社会是我们永远的课题。

密涅瓦书房①的寺内一郎先生从我由大学调到爱育养护学校起，就一直鼓励着我。这次我非常高兴能够在密涅瓦书房出版本书。同时感谢书房负责出版具体事务的安冈亚纪女士。

株式会社福禄贝尔馆爽快地同意在此书中转载《幼儿教育》月刊的内容，在此也表示感谢。

---

① 密涅瓦书房：出版社名。——译者注

另外，我非常高兴弥永女士为这本书精心设计了封面和插图。①

1996 年 12 月 30 日

津守真

---

① 因版权原因，中文版的封面和插图另行设计。